Entrenamiento para usar el baño

Una guía esencial paso a paso para que su hijo pequeño deje el pañal rápidamente, incluyendo métodos especiales para niños y niñas

© Copyright 2020

Todos los derechos reservados. Ninguna parte de este libro puede ser reproducida de ninguna forma sin el permiso escrito del autor. Los revisores pueden citar breves pasajes en las reseñas.

Descargo de responsabilidad: Ninguna parte de esta publicación puede ser reproducida o transmitida de ninguna forma o por ningún medio, mecánico o electrónico, incluyendo fotocopias o grabaciones, o por ningún sistema de almacenamiento y recuperación de información, o transmitida por correo electrónico sin permiso escrito del editor.

Si bien se ha hecho todo lo posible por verificar la información proporcionada en esta publicación, ni el autor ni el editor asumen responsabilidad alguna por los errores, omisiones o interpretaciones contrarias al tema aquí tratado.

Este libro es solo para fines de entretenimiento. Las opiniones expresadas son únicamente las del autor y no deben tomarse como instrucciones u órdenes de expertos. El lector es responsable de sus propias acciones.

La adhesión a todas las leyes y regulaciones aplicables, incluyendo las leyes internacionales, federales, estatales y locales que rigen la concesión de licencias profesionales, las prácticas comerciales, la publicidad y todos los demás aspectos de la realización de negocios en los EE. UU., Canadá, Reino Unido o cualquier otra jurisdicción es responsabilidad exclusiva del comprador o del lector.

Ni el autor ni el editor asumen responsabilidad alguna en nombre del comprador o lector de estos materiales. Cualquier desaire percibido de cualquier individuo u organización es puramente involuntario.

Contents

INTRODUCCIÓN 1

CAPÍTULO UNO: CUÁNDO EMPEZAR A ENTRENAR A IR AL BAÑO 4

    DESARROLLO DEL NIÑO PEQUEÑO Y ENTRENAMIENTO PARA USAR EL BAÑO 7

    SEÑALES QUE SU HIJO PEQUEÑO ESTÁ LISTO PARA IR AL BAÑO 13

CAPÍTULO DOS: MITOS Y CONCEPTOS ERRÓNEOS SOBRE EL ENTRENAMIENTO PARA IR AL BAÑO 16

CAPÍTULO TRES: DEJANDO LOS PAÑALES (SIN EL DRAMA) 26

    ELEGIR LA BACINICA CORRECTA ES UN LARGO CAMINO 28

    DESHAGÁMONOS DE LOS PAÑALES 29

    ALGUNAS COSAS QUE HACER Y NO HACER 30

    ALGUNAS TÉCNICAS PARA AYUDAR A SU HIJO A DESHACERSE DE SUS PAÑALES SIN DRAMA 34

CAPÍTULO CUATRO: PSICOLOGÍA DEL BAÑO Y PREPARACIÓN MENTAL 36

    PREPARAR MENTALMENTE A SU HIJO PARA EL ENTRENAMIENTO DE BAÑO 36

    POR QUÉ SU HIJO TIENE DIFICULTADES PARA IR AL BAÑO 37

    EFECTOS PSICOLÓGICOS DEL ENTRENAMIENTO EN BACINICA CON BIBERÓN 44

CAPÍTULO CINCO: USAR LA BACINICA POR PRIMERA VEZ 46

CAPÍTULO SEIS: PROBLEMAS DE BACINICA Y DEFECACIÓN 55

    ¿CÓMO PUEDE RESOLVER ALGUNOS DE ESTOS PROBLEMAS DE ENTRENAMIENTO PARA IR AL BAÑO? 61

CAPÍTULO SIETE: ENTRENAMIENTO NOCTURNO PARA IR AL BAÑO 64
- DIFERENCIA ENTRE EL ENTRENAMIENTO DIURNO Y NOCTURNO PARA IR AL BAÑO 64
- CUÁNDO COMENZAR EL ENTRENAMIENTO NOCTURNO PARA IR AL BAÑO 65
- ¿CUÁNTO TIEMPO DURA EL ENTRENAMIENTO NOCTURNO PARA IR AL BAÑO? 67
- CONSEJOS QUE PUEDE SEGUIR 67

CAPÍTULO OCHO: EL ENTRENAMIENTO DE BAÑO DE LAS NIÑAS VERSUS LOS NIÑOS 73
- DIEZ CONSEJOS ESPECÍFICOS DE GÉNERO PARA AYUDAR A SU HIJO PEQUEÑO 76

CAPÍTULO NUEVE: FORMANDO HÁBITOS PARA EL BAÑO 84

CAPÍTULO DIEZ: DE LA BACINICA AL INODORO PARA ADULTOS 93
- LA EDAD ADECUADA PARA LA TRANSICIÓN AL INODORO 96
- CONSEJOS PARA FACILITAR LA TRANSICIÓN 96

CONCLUSIÓN 99

Introducción

¿Quiere entrenar a su hijo para ir al baño, pero no sabe por dónde empezar? Bueno, despídase de todas sus preocupaciones. En este libro, discutiremos cada faceta del entrenamiento para ir al baño de una manera muy completa. Cubriremos cada una de las bases del proceso de entrenamiento, desde elegir el momento adecuado para enseñar a su hijo a ir al baño hasta cómo deshacerse de los pañales sin problemas.

El libro explora diez temas que giran en torno al entrenamiento para ir al baño que hará que todo el proceso sea menos estresante, manejable para su horario y fácil para su hijo.

¿Cuándo es el momento adecuado para ir al baño? ¿Existe la posibilidad de que su hijo vaya al baño demasiado pronto? ¿Demasiado tarde? ¿Cuáles son las señales que indican que está listo para el entrenamiento para el baño? ¿Cómo debe comenzar el entrenamiento?

Luego, acabaremos con los mitos que rodean al entrenamiento para ir al baño, como que el entrenamiento temprano para ir al baño puede causar daños en la vejiga. Alerta de spoiler, eso no es cierto. Discutiremos dieciséis de estos mitos antes de pasar a la forma en que puede hacer que su hijo pequeño se despida de los pañales.

Profundizaremos más en la psicología del entrenamiento para ir al baño y cómo un mal entrenamiento puede resultar en un daño psicológico duradero para su hijo.

¿Cómo debe hacer para que su hijo use la bacinica por primera vez? ¿Cuál es la mejor opción para ellos, la bacinica o el asiento del inodoro?

También explicaremos los problemas que pueden surgir en el proceso de aprendizaje del uso de la bacinica.

¿Sabía que hay una gran diferencia entre el entrenamiento diurno y nocturno para ir al baño? La mayor diferencia es el desarrollo del niño. Vamos a aclarar cómo hacer el entrenamiento nocturno para ir al baño y las precauciones que hay que tomar.

¿Es el entrenamiento para ir al baño diferente para los niños y las niñas? Sí. El octavo capítulo cubre esas diferencias.

¿Cuál es una manera segura de desarrollar el hábito de ir al baño de su hijo? Hablaremos de los métodos que incorporan este hábito en sus pequeñas mentes, haciendo que se adhieran a una rutina a lo largo del día, y eventualmente, a lo largo de sus vidas.

Por último, este libro trata de la transición de la bacinica al baño de adultos y lo que implica la transición.

Si los puntos y preguntas mencionados anteriormente le han ocurrido a lo largo del entrenamiento de su hijo, adquiera este libro y léalo de principio a fin. Contiene información concisa, investigada a fondo y comprobada, que lo convertirá en un experto en el entrenamiento para ir al baño en cuestión de unas pocas horas.

Desde instrucciones paso a paso hasta puntos concisos, este libro está escrito de una manera casual, amigable y fácil de entender que le ayudará a comprender el proceso de entrenamiento de manera profunda y clara. No hemos dejado nada pendiente en esta guía para lograr que su niño deje los pañales.

Entrenar a un niño para ir al baño no es una tarea fácil. Es uno de los mayores desafíos que un padre puede enfrentar en el desarrollo de su hijo. Hemos desentrañado meticulosamente cada aspecto del entrenamiento y lo hemos explicado de una manera intuitiva que será beneficiosa para usted y su pequeño.

Capítulo uno: Cuándo empezar a entrenar a ir al baño

El entrenamiento para ir al baño es un hito importante para usted y su hijo, y su éxito depende de varios factores como los cambios físicos, mentales, de comportamiento y de desarrollo en la vida de su hijo, y no solo de su edad. Sin embargo, la mayoría de los niños muestran señales de estar listos para el entrenamiento en el uso del baño entre los 18 y los 24 meses. Sin embargo, esta no es una regla rígida, ya que algunos niños pueden no mostrar esos signos antes de que tengan al menos 3 años de edad.

Para saber si su hijo está listo para el entrenamiento de baño o no, hágase estas preguntas:

- ¿Es mi hijo capaz de caminar hasta el baño y sentarse en él?
- ¿Es mi hijo capaz de subirse y bajarse los pantalones?
- ¿Mi hijo se mantiene seco durante períodos más largos, como dos horas?
- ¿Es mi hijo capaz de comprender y seguir mis instrucciones? (Instrucciones básicas; no tareas avanzadas)
- ¿Transmite mi hijo la necesidad de ir al baño de forma verbal y no verbal?
- ¿Parece que mi hijo está interesado en ir al baño?

Si la mayoría de las respuestas a estas preguntas son afirmativas, su hijo probablemente esté listo para empezar a ir al baño. Si la mayoría de las respuestas a esas preguntas fueron negativas, entonces puede ser mejor esperar.

Aunque existe consenso en que el mejor momento para empezar a ir al baño es cuando su hijo muestra signos de preparación, hay que tener en cuenta otra preparación: la suya. En lugar de parecer demasiado ansioso por el entrenamiento de su hijo, deje que él, con su propia motivación, tome la iniciativa. Otra cosa que hay que recordar aquí es que el éxito o la dificultad de su hijo en el entrenamiento para ir al baño no tienen nada que ver con su inteligencia. Y como este es un proceso de entrenamiento, inevitablemente cometerán errores y accidentes en todo momento. Esto no requiere un castigo. El castigo no es parte del proceso de entrenamiento para ir al baño.

Aquí, resumo la serie de pasos que puede seguir para asegurarse de que las cosas vayan bien después de que haya determinado que su hijo y usted están listos para comenzar el entrenamiento para ir al baño:

1. Escoja frases de refuerzo positivas

Elija una selección de palabras para decirle a su hijo pequeño cuando se refiera a su entrenamiento para ir al baño. El refuerzo positivo ayuda mucho a que se sientan animados e involucrados en el proceso. Cuando se refiera a sus fluidos corporales, como su orina y su caca, evite usar frases negativas como "hiciste un apestoso" o "ensuciaste tus pantalones". Esto hará que asocien la actividad como algo vergonzoso o reprobable, lo que les hará desistir de su entrenamiento.

2. Asegúrese de que todo el equipo esté preparado de antemano

Hablamos de bacinica y taburetes en el baño para que cuando visite el baño, pueda apoyarse fácilmente en el taburete y sentarse en la bacinica. Hágalos sentarse en seco (con la ropa puesta) en la silla para que se familiaricen con ella. Pregúnteles cómo se siente. Pídales que pongan los pies en el taburete para que se sientan cómodos en la silla. De nuevo, use frases positivas para el baño. Puede mostrarles el propósito del inodoro vaciando un pañal sucio en él y pidiéndoles que tiren de la cadena.

3. Mantenga un horario

Programe horarios regulares para ir al baño, por ejemplo, por la mañana justo después de que se despierten y después de cada siesta que tomen. Además, programe un momento cada dos horas y hágalos sentarse en el inodoro (o bacinica) sin pañal. Con los niños, haga que practiquen primero cómo orinar sentados en el inodoro. Luego, una vez que lo hayan dominado, muéstrales cómo hacerlo de pie. Durante los momentos programados para ir al baño, acompáñelo y háblele o interactúe con él jugando con un juguete o leyéndole su historia favorita.

4. Responda rápidamente

Lleve a su hijo al baño inmediatamente cuando vea los signos como ponerse en cuclillas, gruñir, retorcerse, hacer un gesto de dolor y agarrarse el área genital. Su rápida respuesta les ayudará a asociar su incomodidad con la necesidad de ir al baño. Elógielos durante todo el proceso, por ejemplo, diciéndoles que hicieron bien en decirle que tenían que ir al baño. Mientras le enseña a su hijo a ir al baño, debe mantenerlo con ropa cómoda y holgada, para que haya menos problemas tanto para él como para usted a la hora de quitársela.

5. Enseñándoles la manera higiénica

Explique a su hijo la higiene básica, como limpiarse con papel higiénico una vez que haya terminado. En el caso de las niñas, debe enseñarles a limpiarse de adelante hacia atrás (de arriba hacia abajo) para evitar que los gérmenes y las partículas fecales lleguen a la vejiga o la vagina. Instruya a su hijo que siempre debe lavarse las manos después. Una vez que haya cubierto lo básico, dígales que tienen que tirar de la cadena del inodoro y bajar la tapa.

6. Dígales adiós a los pañales

Una vez que usted y su hijo hayan pasado las primeras semanas de este crítico proceso, es hora de dejar los pañales en favor de la ropa interior o los pantalones de entrenamiento. Este es un gran paso para ambos, y se recomienda que lo celebren con ellos. Sin embargo, si siente que ellos no pueden mantenerse secos, puede volver a usar pañales. No hay que apresurar esta última etapa del proceso.

¿Y si no le están cogiendo el truco?

Si cree que su hijo tiene dificultades para mantenerse seco o que no puede cumplir el horario, tal vez no esté listo para ir al baño todavía. Puede intentarlo de nuevo en unos meses. Sin embargo, si nota que no está listo y, a pesar de ello, intenta forzarlo a que se acostumbre, puede resultar contraproducente para usted. No quiere crear una lucha de poder o hacer que se rebele. Ambos están en el mismo equipo.

¿Qué hago cuando ocurren accidentes?

Los accidentes ocurrirán. Cuando ocurran, no regañe a su hijo, no lo discipline como castigo y, lo más importante, no lo culpe ni lo avergüence. Manteniendo la calma y siendo positivo se asegurará de que no repitan el error.

Tenga a mano pañales, una muda de ropa y ropa interior extra, para que cuando, o si ocurre un accidente, pueda cambiarle rápidamente de ropa, especialmente en una guardería o en la escuela.

Desarrollo del niño pequeño y entrenamiento para usar el baño

Antes de establecer el momento apropiado para comenzar a entrenar a ir al baño, veamos las etapas de desarrollo de un niño. De acuerdo con la Fundación Nemours, hay seis etapas en el desarrollo de su hijo. Son las siguientes:

1 año (12 meses)

Su bebé es un niño pequeño. Pronto caminará si no lo ha hecho ya. Explorará áreas previamente inexploradas, volviéndose más libre en su locomoción e interacción con el entorno.

En términos de comunicación, señalará cosas y vocalizará su reconocimiento, saludará con la mano y se despedirá, balbuceará imitando el habla. Lo más importante, le llamarán "mamá" y "papá" a usted y a su pareja.

En cuanto al movimiento, su niño pequeño se parará solo, caminando con una mano o solo, jugará con cubos y juguete con formas y los golpeará juntos, será capaz de agarrar cosas con su mano completa y usará sus manos para recoger trozos de comida para llevárselos a la cara durante las comidas.

Disfrutarán de juegos como el "peekaboo". Disfrutarán de la hora de los cuentos, de que se les lea y de ver imágenes brillantes y vívidas en los libros de ilustraciones. Expresarán su disgusto llorando cuando usted salga de la habitación. Se sentirán felices y se alegrarán cuando logren algo nuevo, como caminar una distancia relativamente más larga, crear una torre de bloques o tener éxito en un simple juego.

Cognitivamente, pueden seguir órdenes simples, imitar a sus hermanos mayores y padres, y ser capaces de pasar las páginas de un libro para imaginar que les gusta más que los demás. También competirán por su atención haciendo algo como dejar caer su juguete, llorando o riendo.

15 meses

A esta edad, su hijo pequeño se volverá más expresivo sobre sus deseos y necesidades. Sin embargo, su creciente capacidad para la enunciación verbal de lo que quieren (como señalar un objeto y hacer un sonido) significa que también hará berrinches cuando no se salga con la suya. Mientras trata con sus berrinches, tenga en cuenta que son una parte esencial y muy normal del desarrollo de su hijo. Puede distraerlo de sus berrinches con un juego. Y como mínimo, usted, siendo el adulto, puede mantener la calma cuando están haciendo una rabieta.

Comunicativamente, indicarán su deseo señalando algo, tirando de él o gruñendo en voz alta. Le traerán su libro favorito para leer o su juguete favorito para jugar. Además de decir "mamá" y "papá", aprenderán algunas palabras nuevas y las usarán correctamente. Si les pregunta juguetonamente, "¿dónde están tus oídos?" pueden señalar las partes de su cuerpo.

Darán más pasos sin su apoyo. Pueden ponerse en cuclillas si quieren recoger algo. Podrán beber de una taza o un vaso. Pueden apilar cubos de juguete y garabatear en el papel con lápices de colores y crayones.

Exhibirán preferencias por ciertas actividades sobre otras. Usarán mantas, edredones y osos de peluche u otros animales de peluche para su comodidad. Podrán mostrar mejor su afecto por usted o por un cuidador besándole y abrazándole. Sus aversiones, por cosas como los ruidos fuertes, se harán más expresivas.

Su hijo comprenderá órdenes simples y podrá seguirlas, dependiendo del estado de ánimo que tenga. Empezará a imitar lo que usted hace en la casa, como leer un libro o ver la televisión. En esta época, lo mejor sería introducirlo en juegos de resolución de problemas, como los rompecabezas.

1,5 años (18 meses)

Alrededor de la edad de un año y medio, el crecimiento de su niño pequeño se habrá ralentizado un poco en comparación con su primer año de desarrollo. Esto se debe a que los bebés crecen a un ritmo más rápido que los niños pequeños. Aunque parezca que su crecimiento físico se ha desacelerado un poco, su hijo sigue aprendiendo mucho cada día en términos de lenguaje, coordinación y equilibrio.

Un niño de 18 meses puede pronunciar de 10 a 20 palabras con claridad. Entenderá y responderá a órdenes sencillas y directas como "Por favor, recoge tu juguete". Reconocerá y señalará las partes de su cuerpo cuando se le pida.

Podrá correr, subir las escaleras con algo de ayuda, quitarse la ropa, lanzar una pelota y garabatear con sus lápices de colores y crayones.

Empezarán a participar en juegos de fantasía y se reirán cuando otros se rían. Serán más capaces de mostrar afecto y formarán las habilidades de coordinación necesarias para jugar con otros niños. Mostrarán su irritación a través de berrinches.

A esta edad, pueden nombrar sus juguetes, o al menos sus favoritos, nombrar y señalar imágenes familiares en su libro de dibujos favorito. Pueden imitarle barriendo el suelo, cocinando en la cocina o hablando con alguien por teléfono. Serán capaces de hacer coincidir un par de objetos similares.

2 años (24 meses)

Este es el momento ideal para entrenar a ir al baño. Puede captar las señales de su hijo, como su interés por ir al baño por sí mismo, mostrando señales de que sabe que tiene que ir al baño y expresando su necesidad a usted.

En términos de comunicación, su hijo puede decir ahora 50 palabras o más. Será capaz de formar oraciones básicas, oraciones que incluso un extraño puede comprender. Usarán palabras reales en lugar de palabras inventadas por bebés, como llamar al desayuno "desayuno" en lugar de decir "ñam-ñam".

Podrán correr mejor, jugar con una pelota pateándola o lanzándola, subir y bajar escaleras sin ayuda (pero por favor, asegúrese de supervisarlos mientras lo hacen); serán capaces de reconocer formas básicas, y a veces serán capaces de alimentarse por sí mismos cuando se les ponga comida delante.

Aunque antes eran capaces de seguir órdenes de un solo paso, ahora serán capaces de seguir órdenes de dos pasos, como "Por favor, recoge tu juguete y tráemelo". Serán más conscientes de su cuerpo y podrán nombrar más partes de su cuerpo. Participarán en el juego con sus juguetes de forma más interactiva, como alimentar a su osito de peluche o muñeca o imitar su cuidado como si fuera su bebé.

2,5 años (30 meses)

El crecimiento más pronunciado de su hijo a esta edad está en su vocabulario. Ahora pueden decir más de unos pocos cientos de palabras. Puede cultivar su sentido del vocabulario enseñándoles rimas infantiles, tocando canciones y leyéndoles libros.

Pueden decir frases que comprenden de tres a cuatro palabras. Otras personas pueden entenderlas más de la mitad del tiempo. Empezarán a usar pronombres y harán preguntas usando "¿qué?" y "¿dónde?".

Podrán lavarse y secarse las manos, cepillarse los dientes con alguna ayuda, subirse los pantalones, saltar cuando estén alegres y lanzar una pelota con la mano.

En términos de desarrollo social y emocional, participarán en juegos imaginarios y lo disfrutarán. Participarán en juegos con otros niños de forma más proactiva. Podrán decir cuándo necesitan ir al baño o cuándo necesitan un cambio de pañal. Serán capaces de referirse a sí mismos por su nombre.

Cognitivamente, desarrollarán su sentido del humor. Las historias tontas y los chistes divertidos de bebés les atraerán y les harán reír. Entenderán el concepto de las cosas y los objetos.

3 años

Cuando tenga tres años, la imaginación de su niño pequeño se disparará. Como resultado, comenzarán a participar en más juegos de fantasía. Pero a veces, su imaginación les sacará lo mejor de ellos y los asustará. Las sombras benignas pueden aparecer como entidades malignas y asustarles. Durante esta fase, escuche a su hijo y tranquilícelo.

En cuanto a las habilidades lingüísticas, serán capaces de formar oraciones con tres o más palabras. Serán capaces de entender lo que están diciendo la mayor parte del tiempo. Esta es una edad inquisitiva, en la que preguntarán, "¿por qué?" mucho.

Podrán subir y bajar las escaleras con los pies alternados. Cuando jueguen con una pelota, podrán atraparla con ambas manos. Intentarán equilibrarse con un pie y a veces lo lograrán. Serán capaces de vestirse y desvestirse con su ayuda.

A esta edad, deben entrenarse para ir al baño durante el día. Si tienen un amigo, podrán referirse a ellos por su nombre. También comenzarán a identificar el género y a referirse a la gente como "él" o "ella". Además comenzarán a desarrollar un sentido de juegos por turnos, donde esperarán su turno.

Entonces, ¿cuándo debería empezar a entrenar para ir al baño?

El mejor momento para empezar a entrenar a su hijo es cuando empiece a mostrar señales de que está listo.

Los niños no pueden empezar a usar el baño hasta que no tengan entre 18 meses y tres años. Las niñas se adaptan más rápidamente que los niños. La mayoría de los padres empiezan a entrenar a sus hijos entre los dos y tres años.

Algunos padres siguen un método llamado comunicación de eliminación, donde entrenan a sus hijos a ir al baño desde los cuatro meses. Llevan a su hijo inmediatamente al baño cuando ven signos de que están a punto de orinar o hacer caca. Los profesionales no recomiendan este método. Se ha demostrado que causa complicaciones más adelante en la vida, como dificultades para usar el baño en un lugar público como la escuela.

También es crucial tener en cuenta que los niños pequeños no pueden controlar su vejiga y sus músculos rectales hasta que tienen al menos 18 meses de edad. Por lo tanto, es importante esperar a que haya señales de que están listos para empezar a usar el baño.

Señales que su hijo pequeño está listo para ir al baño

Anteriormente, discutimos algunos hitos del desarrollo en varias edades de su niño pequeño. Esas habilidades son en cierto modo un prerrequisito para su entrenamiento en el baño. Al igual que con otras habilidades como sentarse, gatear, caminar, el entrenamiento para ir al baño es una habilidad adquirida y se enseña mejor cuando el desarrollo de su hijo (emocional y físico) pasa por un cierto punto.

La clave para el entrenamiento en el uso del baño de su hijo es el deseo de control, independencia, autodominio y aprobación, es decir, su preparación emocional. Comenzar el entrenamiento para ir al baño antes de que su hijo esté listo puede causar frustración en ambos lados.

A continuación, se indican las señales que debe tener en cuenta para evaluar si su hijo está listo o no:

1. Comienzan a mostrar interés

Cuando su hijo se interesa mucho por mantenerse seco y limpio, es cuando usted debe empezar a enseñarle a ir al baño. Otros signos de su interés por estar alerta son su curiosidad cuando va al baño y su interés por llevar ropa interior de "niño grande" en lugar de pañales.

2. Se mantienen secos por más tiempo

Si su hijo puede permanecer seco durante al menos dos horas, es una señal de que la capacidad de su vejiga ha aumentado, lo que demuestra que está listo para ir al baño.

3. Saben cuándo se hacen

Después de que su hijo haya hecho el número uno o el dos en su pañal, empezará a mostrar signos como esconderse detrás de las cortinas o los muebles. Probablemente irán a otra habitación a hacer orinar o defecar. Esa es otra señal que significa que están reconociendo cuando se hacen. Entrenar a su hijo antes de este momento probablemente cause complicaciones, ya que su hijo no será consciente de cuándo se va a hacer, y como no lo sabe, no será capaz de entenderlo.

4. Exhiben independencia

Busque frases como "¡Puedo hacerlo yo mismo, mami!". Estas señales significan un deseo de ser más independiente, lo cual es un hito importante para el entrenamiento para ir al baño. Sin embargo, si no están listos, como cuando pasan por el estrés (adaptarse a un recién nacido) o el cambio (mudarse a una nueva casa), es mejor retrasar el entrenamiento hasta que tanto usted como el niño vuelvan a estar cómodos.

5. Pueden quitarse la ropa

Su hijo debería ser capaz de subirse y bajarse los pantalones. Aunque en el pasado no tenían una razón para hacer esto, ahora sí. Es una habilidad adquirida, una de muchas durante el proceso de aprendizaje del uso del baño, y usted debería facilitarlo vistiendo a su hijo con ropa suelta y fácil de quitar. Evite la ropa como peleles, calzas, pantalones con cremalleras o cinturones, y cualquier ropa apretada que le resulte difícil de quitar.

6. Pueden seguir sus instrucciones

Ir al baño representa desafíos para su hijo, estos desafíos son: encontrar el baño, encender la luz del baño, bajarse los pantalones, usar un taburete para subir al inodoro, aliviarse, usar el papel higiénico para limpiarse, tirar de la cadena y por último, lavarse las manos. Si son capaces de seguir sus instrucciones con el entrenamiento para ir al baño, están listos para empezar.

7. Pueden sentarse quietos

El entrenamiento para ir al baño requiere paciencia por parte del niño. Si pueden permanecer sentados durante largos periodos de tiempo sin irritarse, también pueden hacerlo en la bacinica.

8. Pueden caminar y correr

Si su hijo no puede caminar o correr correctamente, todavía no está listo para empezar a ir al baño, ya que un componente importante del entrenamiento depende de que se apresure a ir al baño cuando sienta que tiene que ir.

Capítulo dos: Mitos y conceptos erróneos sobre el entrenamiento para ir al baño

El territorio del entrenamiento para ir al baño está plagado de mitos y conceptos erróneos. Estos son propagados por todo el mundo, desde la vecina hasta algún turbio boletín que sigues recibiendo en su correo electrónico; todo por esa única vez que accidentalmente dio su dirección a algún sitio web que le ofrecía un 20% de descuento en toda la ropa de bebé de su tienda. Separar la realidad de la ficción es crítico aquí porque creer en los mitos y llevarlos a cabo les hará a usted y a su hijo más daño que bien. Recuerde lo que dijo Gandhi: "No crea todo lo que lea en Internet". Discutamos algunos mitos comunes y refutémoslos mientras estamos en ello.

1. El entrenamiento para ir al baño demasiado pronto causará complicaciones como el estreñimiento.

Puede que haya oído esto antes de los padres "veteranos" ahora en su tercer o cuarto hijo. Los grupos de madres en Facebook y otras plataformas de redes sociales perpetúan que el entrenamiento temprano hará que su hijo se aguante, se niegue a ir al baño y le haga daño psicológicamente. Esto simplemente no es cierto.

No depende de cuándo empiece el entrenamiento tanto como depende de cómo los entrene. Si su enfoque de entrenamiento es suave y se aseguras de seguir el ritmo del niño, no habrá problemas. Científicamente, no hay ninguna conexión entre el entrenamiento temprano para ir al baño y estos problemas. Pero hay investigaciones que afirman que el entrenamiento temprano en el uso del baño ayuda a reducir el riesgo de rechazo, de retención de heces y de estreñimiento.

Otra investigación destaca los beneficios del entrenamiento temprano en el uso del baño, afirmando que los niños pueden aprender a usar el baño ya a los 12 meses si el entrenamiento se hace con suavidad y teniendo en cuenta los instintos naturales del niño. El niño puede ir al baño de forma independiente a los 24 meses de edad.

Algunas cosas perjudiciales para el niño incluyen castigarlo, obligarlo a empujar y abrir el grifo para acelerarlo. Al incluir el tiempo de ir al baño en la rutina de su hijo desde el principio, puede eliminar estos problemas mencionados anteriormente.

2. El niño tiene que estar listo antes de que usted pueda empezar a entrenarle para la bacinica.

Según un estudio realizado por Douglas y Bloomfield en 1988, antes de que se inventaran los pañales desechables, es decir, alrededor de los años 70, los padres ponían a sus bebés en la bacinica justo después de que aprendían a sentarse, los bebés, no los padres. Casi la mitad de los bebés, alrededor del momento en que cumplían 12 meses, habían dejado de usar pañales, y casi el 80% ya estaban completamente entrenados para usar la bacinica cuando cumplían 18 meses. Otras investigaciones basadas en estadísticas sugieren que los bebés y los niños pequeños están listos y son muy capaces de ir al baño cuando llegan a los 18 meses y que el mejor momento para dejar los pañales es entre los 18 y los 30 meses.

Un pediatra llamado Terry Brazelton desarrolló la teoría de la "preparación" en la década de 1960. Terry propuso esta idea de que los niños deben estar listos antes de que puedan empezar a usar el baño. Sin embargo, esta teoría, aunque tenía algunas buenas ideas como base, no era sólida, ya que la mayor parte de la literatura que Terry escribió era discordante y contradictoria, y pasaba por alto puntos importantes sobre el desarrollo del niño en relación con el comienzo del entrenamiento para ir al baño. Además, Terry Brazelton fue pagado por Pampers para apoyar sus pañales. Muchos investigadores dicen que esto hizo que Brazelton convirtiera su investigación en una estratagema de mercadeo para vender más pañales desechables, animando a los padres a dejar que sus hijos se quedaran en pañales por más tiempo para vender más Pampers en lugar de entrenar a sus hijos.

La edad que define la preparación de un niño depende de las habilidades que aprende. Estas habilidades se pueden enseñar ya sea social o culturalmente. Necesitan tener habilidades esenciales predesarrolladas, como las habilidades motoras, para ser entrenados. Sin embargo, algunos padres no tienen en cuenta estos requisitos previos y, en su lugar, instruyen a sus hijos pequeños antes del tiempo recomendado.

3. La vejiga se daña debido al entrenamiento temprano para ir al baño.

Como con otros mitos, esto es falso. Ir regularmente al baño protege la vejiga urinaria de su hijo en lugar de dañarla. Al hacer que vaya al baño con regularidad, ayuda a desarrollar el control de los esfínteres de su hijo desde una edad muy temprana. El entrenamiento de su hijo entre los 15 y los 24 meses de edad reduce el riesgo de daños en la vejiga y de infección de la misma. También reduce el riesgo de que mojen la cama. Mejora la función de la vejiga.

La vejiga urinaria es un músculo y, al igual que otros músculos, su uso regular la fortalece. Si se utiliza de forma consciente, como en el entrenamiento para ir al baño, se refuerza aún más y se garantiza el establecimiento de un sistema de mensajes entre la vejiga y el cerebro. Este sistema asegura el desarrollo del control y la conciencia en su hijo. Existen pruebas basadas en investigaciones que demuestran que los bebés tienen control de su vejiga desde el nacimiento y que pueden aprender a coordinar su micción desde los 9 meses.

Todos los problemas para ir al baño se deben a que su hijo se aguanta su defecación o su orina. Estos problemas incluyen accidentes relacionados con heces, frecuencia urinaria, mojar la cama e infecciones del tracto urinario. El entrenamiento temprano en el uso del baño ayuda a reducir el riesgo de estos accidentes, asegura una buena coordinación de la vejiga, reduce las posibilidades de que contraiga infecciones, protege la vejiga y promueve que se mantenga seco durante el día.

4. Es el niño el que decide cuándo va al baño, no los padres.

Este es uno de esos mitos que suenan como si tuvieran un elemento de verdad para ellos, pero son falsos, en general. Sí, es mejor que deje que el niño esté un poco ansioso antes de empezar a ir al baño, pero eso no significa que toda la decisión esté en sus manos. Son solo niños. Usted eres el padre. La investigación de Brazelton propuso que el niño debe estar listo antes de comenzar su entrenamiento, pero más tarde, una investigación más reciente llevada a cabo por Berk en 1990 declaró que todo el proceso de entrenamiento en bacinica se termina más rápido cuando el padre toma las riendas del proceso. Esto significa que usted dedica porciones específicas de tiempo en el día para asegurarse de que su hijo ponga un esfuerzo consistente en su entrenamiento. Recuerde, su preparación no es un rasgo innato que se manifestará un día de la nada. Su preparación depende de que los padres les introduzcan el concepto de ir al baño y les faciliten el acceso al mismo. Su hijo estará interesado en el entrenamiento en el baño solo si usted ayuda a inculcarle ese interés. Pueden ir al baño por su cuenta solo si usted les enseña las habilidades necesarias.

Sin embargo, si usted sigue ese mito y deja que el niño decida cuándo está listo, le causará complicaciones más adelante en su vida. Por ejemplo, la introducción del entrenamiento para ir al baño después de que su hijo tenga 24 meses aumentará el riesgo de que se retrase el control de la vejiga y de que se moje durante el día. Además, si lo retrasa más allá de los tres años, creará complicaciones ambientales, económicas y sociales.

5. Los pañales pull-ups son útiles para el entrenamiento para el baño.

Toda la estrategia de marketing detrás de los pull-ups es que son beneficiosos para el entrenamiento para ir al baño. Aquí se demuestra cómo eso no es exactamente cierto. Los pull-ups son un consuelo a corto plazo, tanto para el niño como para el padre. Usted como padre, será atraído por los pull-ups evitando los accidentes del entrenamiento para ir al baño, tales como fugas, mojar la cama, y otros. Y haría bien en creerlo. Pero el asunto es que los pull-ups absorben la humedad, manteniéndose secos incluso después de que su hijo haya orinado en ellos. En ese sentido, funcionan exactamente como los pañales. Una investigación realizada por Rogers en 2002, afirma que por esa razón, los pull-ups no ayudan en el proceso de aprendizaje del uso del baño.

Otro estudio de investigación afirma que el uso de pull-ups fue menos efectivo cuando se trataba de cultivar la consistencia urinaria en un niño.

Cuando un niño aprende a usar el baño, esencialmente está abandonando una vieja forma (los pañales) en favor de una nueva. Cuando se usan los pull-ups, se confunde al niño haciendo que se peguen a la vieja forma mientras que también se intenta enseñarles una nueva. Así que, por el bien del entrenamiento, no debería usar pull-ups mientras entrena a su hijo a ir al baño.

6. Los niños solo pueden permanecer secos una vez que sus hormonas se han desarrollado.

Está bien. Esto es un poco difícil, ya que las hormonas juegan un papel en la supresión de la producción de orina. Estas hormonas funcionan para la mayoría de los niños, pero esto no significa que el mito sea cierto. Si su niño o bebé puede mantenerse seco durante el día, gracias a su entrenamiento para ir al baño, es probable que se mantenga seco por la noche, independientemente de que sus hormonas se hayan desarrollado o no. Esto puede sorprenderle, pero si ha entrenado a su bebé desde los seis meses, podrá mantenerse seco por la noche, ya que no está acostumbrado al pañal.

7. El entrenamiento para usar el baño se hace más rápido si se empieza más tarde.

¡Falso! Se necesita el mismo tiempo para entrenar a un niño para ir al baño temprano que después. No se recomienda enseñarles a ir al baño después de los tres años de edad, porque causará complicaciones como el riesgo de mojar la cama y ensuciarse. El momento ideal para empezar a enseñar a su hijo a ir al baño es entre los 18 y los 24 meses. Incluso si tarda más tiempo, como después de 25 meses, tardará lo mismo. No hay que apresurar el proceso. No hay ningún atajo que le permita hacerlo más rápido. Va a tomar tiempo de cualquier manera. El entrenamiento temprano para ir al baño está relacionado con la adquisición de confianza urinaria de su hijo, y no por una disfunción de la vejiga. Si su hijo utiliza la bacinica a una edad temprana, desarrollará esa confianza y le pedirá que lo lleve al baño antes.

8. Es más fácil entrenar a las niñas que a los niños.

Aquí hay otro mito clásico que no está basado en la verdad, en absoluto. Se necesita el mismo tiempo para entrenar a un niño que para una niña. No es una habilidad basada en el género. Ya sea que entrene a un niño o a una niña, el proceso de entrenamiento para ir al baño debe seguir siendo el mismo. La mayoría de los padres, bajo la impresión de que los niños son más difíciles de entrenar que las niñas, complican el proceso innecesariamente para su hijo. No lo haga. Ambos son igualmente capaces de aprender a ir al baño al mismo ritmo.

9. Colocar al niño en la bacinica los entrenará a la fuerza.

Ni siquiera un poco. Podría resultar contraproducente. Podría causarles berrinches y desarrollar irritabilidad. Pero una cosa no hará: entrenarlos. Hay un montón de padres que todavía se aferran a este mito como un hecho. Es un gran error que debe ser eliminado de inmediato. Recuerde, si obliga a su hijo, le hará temer al bacinica. Va a hacer que se tambaleen al verlo. Si sigue haciendo eso, se convertirá en una lucha de poder que terminará en una pelea, y sabemos cómo se desarrollan estas peleas. El padre tiene que rendirse al final porque francamente, no hay mucho que pueda hacer cuando su hijo está llorando sin parar.

Lo que puede hacer para facilitar la transición es comunicarse con su hijo y permitirle aprender las señales que necesita para ir. Comuníquese con ellos sobre esto. Una vez que sea consciente de estas señales (las señales que hemos discutido en el capítulo anterior), vendrán a usted por sí mismos. A diferencia de lo que temen, el entrenamiento para ir al baño se convertirá en algo que esperarán con ansias.

10. La guardería infantil se encargará de entrenar a mi hijo a ir al baño por mí.

Uh-uh. No, señor. La mayoría de las guarderías le rechazarán si no ha entrenado a su hijo por su cuenta, y las que sí lo aceptan, les enseñarán a ir al baño de una manera conveniente para el personal de la guardería, es decir, un método que implica bajar los pantalones y llevarlos al baño cada pocas horas. Esto estropeará el proceso de aprendizaje del uso de la bacinica y causará numerosas complicaciones con las que tendrá que lidiar. Esto aturdirá a su hijo, lo que hará que el proceso de aprendizaje del uso de la bacinica lleve más tiempo de lo habitual.

11. Hay una edad adecuada para el entrenamiento en el uso de la bacinilla.

¿Ha visto ese meme con el pirata diciendo: "Sí, pero en realidad no"? Es cierto para este mito. Hay una ventana correcta para el entrenamiento para ir al baño, seguro, pero no hay tal cosa como la edad correcta para el entrenamiento para ir al baño. Ya hemos hablado de esa ventana. Son de 18 a 24 meses. Pero algunos padres piensan que deberían quitarle los pañales a sus hijos antes de que cumplan los X meses. Olvidan que todos los niños se desarrollan a su ritmo, y no hay dos niños iguales. Mientras que en algunas culturas el entrenamiento para ir al baño comienza a los nueve meses, y con algunos padres, ni siquiera entrenan a sus hijos hasta los tres años de edad. Todo depende de que su hijo haya desarrollado rasgos complementarios que van de la mano con el entrenamiento para ir al baño.

12. Debería celebrar y aplaudir a su hijo la primera vez que use la bacinica.

Aunque parezca un consejo sensato, hay que acabar con otro mito. Al parecer demasiado entusiasta, puede terminar haciendo una de dos cosas:

    a) Le hará creer a su hijo que ha realizado una gran hazaña y que siempre debe ser aplaudido cuando vaya al baño.

    b) Si su hijo es tímido, le hará evitar ir al baño porque odiará la confrontación y el carácter festivo de ir al baño.

Esto no significa que usted no elogie a su hijo. Debería hacerlo, pero sin sonar demasiado entusiasta y ansioso. Un simple "¡bien hecho!" será suficiente.

Del mismo modo, el uso de pegatinas y otros métodos de celebración de logros pondrán demasiada presión sobre el niño para que siempre actúe y así merezca elogios. Se pondrán ansiosos con la presión de actuar.

13. Ponerle ropa interior a su hijo acelerará el proceso.

No lo hará. Los hará sentir como fracasados cuando eventualmente ensucien su ropa interior. Les hará sentir vergüenza y confusión. Solo póngale ropa interior a su hijo una vez que esté en la última etapa del proceso de entrenamiento para ir al baño, no antes.

14. Es mejor tener un niño entrenado en el uso de la bacinilla que tenerlos en pañales.

Disfrute de los pañales mientras su hijo esté en ellos. Recuerde, una vez que haya entrenado a su hijo para ir al baño, debe atenderlo cada vez que necesite ir. Esto será especialmente difícil cuando, por ejemplo, esté viajando y necesite parar cada vez que tenga que ir al baño. Mantenga los pañales a mano para tales ocasiones hasta que su hijo pueda permanecer seco durante períodos más largos. No hay que apresurar el proceso.

15. No hay vuelta atrás una vez que haya comenzado a usar el baño.

No es un proceso irreversible. A veces su hijo no puede comprender los fundamentos, y parecerá que no está listo. Fíjese en esa señal. Normalmente es una señal de que necesita retrasar el entrenamiento. Tómese un descanso de unos meses y luego comience el entrenamiento de nuevo. Su hijo está pasando por varios cambios de desarrollo; los cambios a veces no coinciden con el entrenamiento para ir al baño y lo hacen sentir incómodo y angustiado.

16. Se debe enseñar el entrenamiento nocturno y diurno para ir al baño al mismo tiempo.

El entrenamiento nocturno para ir al baño está relacionado con la producción de orina, la retención y las hormonas. Es muy diferente del entrenamiento diurno para ir al baño. El entrenamiento diurno es más fácil de realizar y por lo tanto debe ser enseñado muchos meses antes de que finalmente sean capaces de entrenar por la noche. Los dos no van juntos.

Con suerte, cubrir estos mitos le ayudará a diferenciar entre la realidad y la ficción, facilitando así el proceso tanto para usted como para su hijo.

Capítulo tres: Dejando los pañales (sin el drama)

¿Hay una edad adecuada para dejar los pañales?

Como hemos discutido anteriormente, no hay una sola edad adecuada para empezar a entrenar a su hijo a ir al baño. Del mismo modo, no hay una edad adecuada para dejar de usar pañales, ya que ambas cosas, es decir, el entrenamiento para ir al baño y el dejar el pañal, van de la mano. Algunos niños pueden adaptarse temprano, mientras que a otros puede tomarles más tiempo. Sin embargo, ¿existe una edad adecuada para dejar de usar pañales?

Hay una ventana, una bastante grande, cómoda tanto para los que se adaptan temprano como para los se toman más tiempo. Va desde los 18 meses a los 3 años. Es cuando la mayoría de los niños son capaces de empezar a usar el baño. Recuerde, el primer paso es hacer que usen la bacinica. El dejar el pañal viene después de eso, una vez que su hijo se sienta cómodo yendo al baño por su cuenta y no esté mojando la cama por la noche.

Comenzar el proceso de dejar de usar el pañal demasiado pronto solo resultará en frustración tanto para usted como para su hijo, ya que la mayoría de los bebés y niños pequeños no pueden controlar su intestino y su vejiga antes de los 18 meses. Si intenta que abandonen los pañales antes de esa edad, no tendrá éxito. Puede hacer que el niño se sienta rebelde, reacio y nervioso por todo el proceso de aprendizaje del uso del baño.

En segundo lugar, está el elemento a considerar de mantener los pañales de reserva a mano. Si su hijo ve que ha guardado pañales de repuesto y los usa cuando no puede ir al baño, dejará de tomarse en serio el entrenamiento y volverá a usar los pañales, que es algo que no queremos. Una vez que haya pasado el primer trimestre del proceso de entrenamiento, retire los pañales como una opción para que su hijo sepa que la única manera de aliviarse es yendo al baño.

Tercero, se preguntará cuánto tiempo llevará el proceso de entrenamiento para ir al baño. De nuevo, depende del niño. Puede tardar tan poco como una semana, o puede tardar muchos meses. La duración del entrenamiento para ir al baño depende de varios factores, incluyendo la edad del niño, su interés y su desarrollo. Si están en el lado más joven, les llevará más tiempo. Más tiempo como algunas semanas. Si están mostrando interés por sí mismos, tome eso como una señal de que están ansiosos por hacer el proceso más rápido. Eso significa que les tomará solo un par de días. Si están indecisos o se resisten, les llevará más tiempo.

Por último, aunque depende del individuo, la duración aproximada del entrenamiento en bacinica es de entre 3 y 6 meses. Si eso le hace sentir abrumado, no se preocupe. Solo tiene que tomarlo día a día, y antes de que se dé cuenta, su hijo estará entrenado, y esos pañales estarán sobrando.

Elegir la bacinica correcta es un largo camino

El siguiente gran paso para dejar los pañales es elegir la bacinica adecuada para su hijo. ¿Por qué? Porque elegir la bacinica puede hacer o deshacer el proceso. Si escoge una que su hijo utilice, catalizará todo el proceso de entrenamiento más rápidamente. Le gustará usar la bacinica y la preferirá a sus pañales.

Cuando vaya de compras para elegir la bacinica, lleve a su hijo con usted e implíquelo en la elección de su favorito. Hay dos tipos de bacinica disponibles en el mercado hoy en día: el reductor de asiento y la bacinica independiente. El reductor de asiento es más barato y no ocupa tanto espacio como la bacinica independiente. El reductor de asiento va encima del asiento del inodoro regular y reduce el tamaño del anillo para que sea cómodo para su hijo. Una ventaja importante del reductor es que acostumbra a su hijo al inodoro regular mucho más rápido que la bacinica independiente. Al usar una bacinica independiente, su hijo tendrá más facilidad para ir al baño por sí mismo, y usted puede tener el baño principal de la casa para usted solo.

Al seleccionar una bacinica independiente, tenga en cuenta estas tres cosas: la simplicidad de la bacinica, el ajuste y la seguridad. Por ejemplo, si el trasero de su hijo apenas cabe en el borde, se sentirá muy incómodo al sentarse en él, lo que retrasará todo el proceso. Entonces, asegúrese de conseguir el tamaño adecuado, lo que significa que los pies de su hijo puedan tocar el suelo cuando esté sentado en él. Si puede conseguir una bacinica con asas, ayudará a su hijo a mantener el agarre mientras se alivia, lo que será una gran ventaja.

Si va a comprar una bacinica para un niño, una cosa a considerar es si la bacinica tiene un protector contra salpicaduras o no. El protector contra salpicaduras, aunque no es necesario, facilitará la limpieza de la bacinica, minimizando los problemas. El protector contra salpicaduras debe ser casi alto para ayudar a mantener la orina dentro de la bacinica, pero no demasiado alto, lo que hace que orinar sea un desafío difícil.

La bacinica que elija debe ser fácil de limpiar y sencillo de usar. Si compra una bacinica por Internet, lea las críticas para ver lo que dicen otros padres.

Deshagámonos de los pañales

Cuando haya comprado su bacinica o reductor de asiento, el siguiente paso es deshacerse de los pañales gradualmente. Hacerlo de inmediato es desaconsejable, ya que el niño aún no se ha acostumbrado a su nuevo modo de aliviarse. Hágalo una vez que haya ido a la bacinica al menos diez o veinte veces. Una vez que se acostumbre a la bacinica, haga desaparecer los pañales. Es tentador mantenerlos como una solución alternativa, pero a largo plazo, solo servirá para disuadir el proceso de ir al baño, y no queremos eso.

Descargo de responsabilidad: la transición de los pañales a la bacinica causará algunos accidentes, así que prepárese para eso. Esto será frustrante por un tiempo, pero al final hará que su hijo se acostumbre a la bacinica y no dependa de los pañales.

Recuerde, cuando su hijo haya aprendido que puede aliviarse yendo al baño, su instinto querrá que se mantenga limpio. Cada vez que se ensucie (ya sea por accidente o en transición), se sentirá extremadamente incómodo. Esa incomodidad acelerará su adaptación a la bacinica, ya que aprenderá que la bacinica es la forma más fácil de ir al baño sin ensuciarse.

Algunas cosas que hacer y no hacer

Aquí hay algunas cosas que se deben y no se deben hacer mientras se hace la transición de los pañales a la bacinilla.

1. Observe las señales que su hijo necesita para ir. Estas señales incluyen retorcerse, gruñir, jugar con algo en sus manos, arrastrar los pies, hacer caras, tratar de comunicarse ya sea por señales verbales o no verbales que necesitan ir. Siempre que vea estas señales, lleve rápidamente a su hijo al baño. De esta manera, podrá evitar cualquier accidente y familiarizarlo con la bacinica de manera orgánica.

2. No fuerce a su hijo a ir al baño solo porque haya alcanzado una cierta edad. Si tiene más de un hijo, esperará que su pequeño aprenda al mismo ritmo que su hijo mayor. No es lo mismo para todos los niños. Mientras que su hijo mayor puede haber aprendido a ir al baño en una o dos semanas, su hijo pequeño puede que no adquiera el hábito tan rápido. La paciencia, como en otros aspectos de la crianza, es clave aquí.

3. Ya hemos hablado de la ropa, pero es tan importante que lo mencionaremos de nuevo: vista a tu hijo con ropa suelta y fácil de quitar, que pueda quitarse sin problemas cuando necesite ir al baño. Los overoles son un gran no, con la excepción de que su hijo pueda quitárselos fácilmente y volver a ponérselos sin su ayuda.

4. No escuche a los parientes imponentes que le presionan para que saque a su hijo de los pañales lo antes posible. Ellos no están ahí para tratar con su hijo. Acepte su consejo y deje que pase de un oído a otro. Si se siente abrumado por sus consejos, terminará pasando esa tensión a su hijo, haciéndole sentir estresado, lo que retrasará el entrenamiento.

5. Elogie a su hijo cuando vaya al baño con éxito. Pero asegúrese de no exagerar los elogios, ya que esto hará que asocien los elogios con el hecho de ir al baño, y empezarán a esperarlo cada vez que usen la bacinica. Una simple palmadita o una frase de aliento ayudan mucho a desarrollar su moral y confianza.

6. No se involucre en una batalla de poder con su hijo. Alerta de spoiler: Siempre ganarán ellos. ¿Por qué? Porque mientras usted tiene una lógica y un pensamiento lógico de su lado, su carta de triunfo es la irracionalidad, los quejidos, el llanto y los berrinches. Si no quieren ir, no los obligue. No se imponga a ellos innecesariamente. Elija sus batallas.

7. Deje que su hijo juegue con su juguete favorito o léale su libro favorito mientras está en la bacinica. Si se ponen nerviosos cuando usted no está allí, hágales compañía cuando vayan al baño.

8. No le ponga apodos a las partes de su cuerpo. Recuerde, estamos tratando de hacer lo contrario de infantilizarlos. Abordar el entrenamiento de una manera lógica y efectiva cultivará la importancia del proceso en ellos.

9. Deje que su hijo tenga autonomía cuando vaya al baño. Cuanto más independiente se sienta, más rápido se adaptará al entrenamiento para ir al baño y más rápido dejará los pañales.

10. No castigue a su hijo si hace un desastre cuando no está en pañales. Esto reforzará en sus mentes que usar los pañales era algo bueno, ya que nunca fueron castigados mientras los usaban, y que no usar los pañales es algo malo, ya que fueron castigados.

11. Criticar los métodos de su hijo para ir al baño también complicará las cosas para ambos. Le frustrará y le quitará su confianza.

12. La paciencia es el nombre del juego, y por muy cliché que suene, es cierto. El entrenamiento para ir al baño, y posteriormente el abandono del pañal, es un proceso que lleva mucho tiempo y que pondrá a prueba su paciencia a veces, pero recuerde que es la

primera vez que su hijo pasa por un cambio tan radical. Recuérdele suavemente que su caca y su orina deben ir en la bacinica y no en el suelo o en la ropa. Su actitud es contagiosa y en última instancia decidirá cómo resulta el entrenamiento. Si usted está ahí para ellos, tranquilizándolos pacientemente en cada paso del camino, los hará independientes más rápido. Recuerde que por muy duro que sea para usted, tampoco es fácil para su hijo. Acaba de obtener el control de su vejiga e intestinos, y ahora está siendo entrenado para algo de lo que no tiene ni idea. Empatice con su hijo, reafirme su lucha, y de vez en cuando anímelo a celebrar mis hitos menores.

¿Hay algo de sabiduría en los campamentos de entrenamiento para ir al baño?

Sí. Eso puede parecer una opinión muy candente sobre los campamentos de entrenamiento, pero aquí está la razón por la que son locamente populares: trabajan en un tiempo muy corto, que es todo el punto de un campamento de entrenamiento. Se dedica una semana entera a darle a su hijo una especie de curso intensivo de entrenamiento para ir al baño, al final del cual habrá tirado sus pañales y los habrá cambiado permanentemente a la bacinica. Hay varios campamentos de entrenamiento, como el de tres días, el de cinco días y el de una semana, todos con el mismo objetivo: quitarle los pañales a su hijo.

Pero tenga en cuenta que, por muy atractivo que parezca, será agotador para usted durante todo el tiempo que dure, ya que se espera que abandone todas sus tareas y se centre únicamente en el campamento de entrenamiento.

Veamos brevemente lo que exige el campamento de entrenamiento estándar

Escoja un fin de semana en el que esté libre y no tenga planes futuros. Observe las señales de que su hijo está listo, y luego comience. El primer día, es decir, el sábado, quítele los pañales a su hijo e introduzca los pañales de entrenamiento en la mezcla.

Hablamos de las desventajas de los pañales de entrenamiento, pero el asunto es el siguiente: eso fue para el entrenamiento regular de bacinica y no para los campamentos de entrenamiento. Las reglas para los campamentos de entrenamiento son diferentes y por lo tanto permiten un poco de libertad para usar los pañales de entrenamiento. Así que, el sábado, póngale pañales de entrenamiento a su hijo. Estos son reutilizables y se pueden lavar de nuevo.

Luego, el mismo día, preséntele la bacinica y vea si están listos para ello. Si no se sienten intimidados por ello, pueden deshacerse de los pañales de entrenamiento y usar la bacinica.

Dígale a su hijo que escuche las señales de su cuerpo y que aprenda qué señales concuerdan su necesidad de ir al baño.

Este fin de semana, lleve a su hijo al baño cuando se despierte, antes de cada siesta, después de cada siesta, antes y después de cada comida, y antes de que se vaya a la cama. Además de todas estas visitas programadas, asegúrese de que vaya al baño cada dos horas.

Será una rutina muy rigurosa durante los tres días del campamento de entrenamiento, pero al final de la misma, tendrá un niño que ha aprendido a usar la bacinica y a deshacerse de sus pañales.

Manteniendo algunos suministros de limpieza a mano

Una vez que haya tomado la ruta de dejar los pañales, asegúrese de tener a mano los artículos de limpieza porque los necesitará. No se espera que su hijo no haga nunca un desastre. Entre la transición de los pañales a la bacinica, terminará ensuciando su ropa o la casa. Pero usted estará preparado para eso. Use los productos de limpieza adecuados, como Super-Sorbs para los pisos duros. Absorberán cualquier orina, facilitando la limpieza. También pueden absorber el olor, por lo que no tendrá olores desagradables que vengan del suelo cuando termine de limpiar. Para otras superficies como alfombras o telas, consiga algo como "Nature's Miracle" o "Rocco & Roxie". Originalmente están pensados para ser usados en mascotas, pero muchos padres los usan cuando ocurren accidentes relacionados con el baño en la casa. Pueden eliminar las manchas y los olores de la orina y las heces del suelo. Use lejía no tóxica para limpiar la ropa interior de sus hijos si se ensucian. Para desinfectar las superficies, consiga toallitas desinfectantes que limpien fácilmente todos los gérmenes y fluidos.

Algunas técnicas para ayudar a su hijo a deshacerse de sus pañales sin drama

Aquí hay algunos consejos aprobados por los padres que ayudarán a su hijo a hacer la transición a la bacinica sin complicaciones.

1. Convierta el entrenamiento en un juego

Hay formas de convertir la rutina de ir al baño en un juego que su hijo espera con ansias. Algunos padres ponen unos Cheerios o un trozo de Cheetos en el inodoro y hacen que su hijo lo apunte. Esto despierta su interés y les hace esperar para orinar en el baño.

Algunos padres han intentado poner colorantes de comida en el inodoro para que cada vez que su hijo orine en él, el color cambie, cautivando su atención.

2. Convierta el miedo en diversión

Sí. Algunos niños tienen miedo, y con razón. Imagínelo desde su perspectiva. Hay un gran agujero negro en el inodoro al que tienen que enfrentarse cada vez que necesitan ir. Algunos niños pueden desarrollar una fobia, mientras que otros no pensarán mucho en ello. Si su hijo muestra signos de que teme ir al baño, es hora de que cambie el miedo por la diversión, sustituyendo su baño por, digamos, uno musical. El inodoro musical tiene un sensor activado por la humedad que reproduce rimas infantiles cuando el niño orina o defeca en él. Si eso no ayuda, hágales compañía y haga que cambien su enfoque del retrete a usted mientras los guía y les dice que no tengan miedo.

3. Lleva la bacinica con usted dondequiera que vaya

Ya sea que esté sentado en la sala de estar, el comedor o el dormitorio, lleve la bacinica con usted dondequiera que usted y su hijo vayan. Hágalo sentarse en la bacinica a intervalos regulares, ya sea que tenga que ir o no.

4. Aliente sus esfuerzos

Elogiarles por sus éxitos es bien merecido y todo, pero también anímelos siempre que se esfuerzan. Algunos de esos esfuerzos les harán caer, otros les harán hacer un desastre, pero finalmente les llevará a entrenarse para ir al baño, así que siempre que hagan un esfuerzo, diga algo alentador.

5. Sin pañales en casa

Cuando su hijo esté en casa, intente quitarle los pañales y dejarle vagar desnudo por la casa. Esto, aunque parezca extraño, les ayudará a adaptarse a la bacinica, al ayudarles a ser más conscientes de su cuerpo y a ir fácilmente a la bacinica sin que la ropa les moleste.

6. Los gráficos y las estrellas no son una opción

Considere una exageración en el proceso. Puede que ayude inicialmente en términos de estímulo y confianza, pero les acostumbrará a tener una nueva estrella en su gráfico cada vez que vayan, y sea franco con usted mismo, a veces simplemente no tiene la energía para poner el entusiasmo. ¿Qué pasará entonces?

Capítulo cuatro: Psicología del baño y preparación mental

Preparar mentalmente a su hijo para el entrenamiento de baño

Antes de que pueda entrenar activamente a su hijo, debe prepararlo mentalmente. Lo primero que puede hacer, una tarea fácil que requiere poco esfuerzo mental y físico, es enseñarles con el ejemplo. Los niños son receptivos a lo que hacen sus padres. Puede que haya visto su comportamiento de imitación en la casa. La imitación es uno de sus principales modos de aprendizaje. Con el entrenamiento en el baño, la imitación se traduce en que ven que usted va al baño y se interesan por lo que hace allí. Si se preocupa que la imagen de que usted vaya al baño se queme en su mente de tal manera que lo recuerden cuando hayan crecido, puede descansar tranquilo, ya que no serán capaces de recordarlo. ¿Recuerda usted cosas de cuando tenías 18 a 24 meses? No, ¿verdad?

El siguiente paso es más fácil. Una vez que le hayan visto ir al baño, explíqueles lo que está haciendo para que puedan entenderlo. Esto incluye cosas como quitarse la ropa mientras va al baño, tirar de la cadena del inodoro, limpiarse, volver a ponerse la ropa, lavarse y secarse las manos. Se volverá un poco abrumador para ellos si trata de explicarlo todo de una vez, así que sea paciente y dé un paso a la vez.

Si el niño ve el entrenamiento para ir al baño como algo a lo que ya está acostumbrado, como jugar con su juguete favorito o ver su vídeo favorito en YouTube, se sentirá menos intimidado y tendrá más ganas de ir al baño. Para ello, asegúrese de que al principio del proceso, tenga la bacinica de su hijo en un lugar familiar en lugar del baño.

Puede preguntarle a su hijo cuándo siente que su pañal está mojado o lleno. Identifique este comportamiento haciéndole preguntas como "¿Vas a hacer caca?" para que su hijo pueda comprender y reconocer sus impulsos de orinar o defecar.

Otra cosa que puede hacer para preparar a su hijo para ir al baño es mantenerlo con pañales limpios. Esto requiere que esté más atento que de costumbre, ya que debe reemplazar sus pañales dentro de la ventana que los ensucia. Una vez que su hijo se acostumbre a la sensación de limpieza en sus pañales, estará mentalmente preparado para empezar a usar la bacinica.

Por qué su hijo tiene dificultades para ir al baño

Es crucial entender que el entrenamiento para ir al baño puede ser una tarea muy ardua para su hijo, considerando el número de cambios que está atravesando. Estamos hablando de su transición de los pañales a la bacinica, de su comienzo en el preescolar, de su traslado de un lugar a otro y de su aprendizaje de todo tipo de cosas que no están relacionadas con el entrenamiento en el uso de la bacinica. Esto puede abrumar al niño. Puede causar un estrés innecesario en su vida. Puede causar que se resistan a aprender o que dejen de aprender por completo. Si sus intentos de enseñar a ir al baño a su hijo pequeño no parecen funcionar, a continuación encontrará razones que le ayudarán a comprender el porqué de todo esto. Cuando sepa el por qué, podrá pasar al cómo. Como en el cómo abordar esos problemas.

1. No están listos todavía

Por mucho que lo hayamos discutido, es necesario reiterarlo en cada etapa del entrenamiento para ir al baño. Su hijo no tiene control de su vejiga e intestinos antes de los 18 meses, así que no se recomienda enseñarle a ir al baño antes de esa edad. Esto retrasará el progreso y posiblemente causará complicaciones que discutiremos en la siguiente sección.

Escuche, usted podría pensar que al poner a su hijo en la bacinica cada vez que tiene que ir —antes de que haya cumplido 18 meses de edad— lo entrenará, pero esto no significa necesariamente que esté listos para ir por su cuenta. Si deja de hacerlo, se ensuciarán los pañales o los pantalones. Sin embargo, una vez que hayan cumplido 18 meses, desarrollarán el control de la vejiga y el intestino, y su entrenamiento dará sus frutos.

La parte de no estar listo no se limita a los niños más pequeños. A veces, los niños mayores pueden tener problemas por no estar listos para el desarrollo o por problemas médicos, como el estreñimiento.

Además de la preparación física y mental, debe asegurarse de que las cosas estén bien en su casa antes de entrenarlos, específicamente, en una capacidad familiar. Digamos que usted y su familia están a punto de mudarse, planean tomar unas vacaciones o están a punto de tener otro bebé. Puede ser mejor esperar porque estos cambios significan un nuevo aprendizaje receptivo para el niño. Cuando ya están demasiado ocupados mentalmente con otros asuntos, no será el momento adecuado para enseñarles a ir al baño, ya que sus placas mentales ya están llenas.

Normalmente se puede detectar su falta de preparación a través de señales verbales y no verbales. Harán caras, que demuestren disgusto y confusión e irritación, o se lo dirán con sus palabras y acciones. Si eso persiste, entienda que no están listos y que lo estarán algún tiempo después.

2. Carecen de interés

Piense en los cientos de estímulos diferentes que su hijo está recibiendo en cada momento. Imagine desde su perspectiva cada pequeña cosa que sus diminutos oídos, ojos, nariz, boca, manos, piernas y cerebro están presenciando, sintiendo y asimilando. Decir que están preocupados por cada uno de esos estímulos no sería una exageración. Tenemos que hacer una ventana para una tarea de enseñanza, es decir, el entrenamiento para ir al baño. Si no lo captan y en su lugar prestan atención a otras cosas, como el televisor, su tablet o una consola de juegos, no tienen la culpa.

Usted tampoco tiene la culpa. Este es un caso clásico donde nadie tiene la culpa.

Tienes dos opciones aquí. Puede retrasar el entrenamiento para ir al baño hasta que estén menos excitados y ansiosos, o puede despertar su interés en el entrenamiento para ir al baño incluyendo su juego, libro, película o canción favorita en la mezcla. Comprenda que su hijo no muestra interés en la tarea debido a alguna rebelión innata o a una discapacidad del desarrollo; es porque hay demasiadas cosas en su vida.

En una nota tangencial, lo mismo ocurre con cualquier otro entrenamiento. Ya sea que les enseñe a hablar, a escribir, a dibujar o cualquier otra tarea de enseñanza de los padres, si no pueden prestar su atención a la tarea en cuestión, es porque sus pequeñas mentes están abrumadas por una sobrecarga de estímulos mentales.

Algunos padres instruyen a sus hijos en un ambiente en el que todos los demás estímulos están desatendidos, cancelados. Por eso tienen una sala de enseñanza separada donde no hay ninguna distracción. Lo mismo ocurre con el entrenamiento para ir al baño.

3. Tienen miedo del baño

Ya hemos cubierto esto brevemente, pero ahora vamos a echar otro vistazo desde la perspectiva de que su hijo tenga dificultades para adaptarse al entrenamiento para ir al baño. Su hijo sabe cuándo está a punto de ir al baño. Ya hemos hablado de eso. Mostrarán su necesidad de ir ya sea verbalmente o por señales no verbales. Entonces, ¿por qué preferirían ensuciar sus pañales o su ropa en lugar de ir al baño? Bueno, es porque le tienen miedo. De nuevo, sería mejor empatizar y ponerse en el lugar de su hijo. Mire el inodoro. Mírelo desde su perspectiva. Es una enorme silla de porcelana con muchas partes móviles, una gran altura, y un agujero gigante en el medio, que se inunda con fuerza. Si no le temen al agujero y al tamaño, podrían temer que se caigan dentro, y harían bien en tener miedo, como les ha ocurrido a muchos niños pequeños durante su entrenamiento. Por eso se recomienda usar un asiento de entrenamiento en lugar de ponerlos en el asiento del avión.

A continuación, le ofrecemos algunas cosas que puede hacer para aliviar el miedo de su hijo a ir al baño: Haga que practiquen en el baño sentándolos en el inodoro con la ropa puesta. De esta manera, los familiarizará con el inodoro paso a paso. Póngalos en el inodoro con la tapa puesta. Esto ayudará a que se den cuenta de que no van a caer dentro. En este paso, léeles su libro favorito para distraerlos de la naturaleza alienígena del inodoro. Después de que su hijo se equilibre en el inodoro cerrado, puede levantar la tapa y hacer que se siente en ella con la ropa puesta. Repita eso dos veces y luego quítele la ropa, excepto el pañal. Por último, haga que se siente en el inodoro sin el pañal y hágale saber que tiene que orinar o defecar. Si su hijo se resiste a cualquier paso del proceso, vuelva al paso anterior para no abrumarlo.

Por eso algunos padres prefieren la bacinica al inodoro, ya que ayuda a familiarizar al niño sin asustarlo. Tal vez su hijo teme tirar de la cadena del inodoro. En ese caso, puede explicarles los fundamentos del funcionamiento de las cañerías del inodoro y demostrarles que funcionan haciendo que tiren de la cadena un par de trozos de papel higiénico.

4. No quieren usar un baño público

Este es un caso relativamente raro en el que se necesita introducir al niño en un baño público, pero, ya que sucede, vamos a cubrirlo. Tal vez esté viajando con su hijo pequeño y necesite ayudarle a ir al baño en un baño público, o tal vez tenga que ir al baño en su guardería o escuela. En cualquier caso, tarde o temprano, su hijo debe ser introducido en el baño público, lo que supone un gran paso para él, y como tal, le dará miedo. Aterrador, ya que teme los ruidos fuertes que emanan de los baños públicos, ruidos como el sonido de las cisternas, la gente hablando, el ruido del secador de manos, la apertura y el cierre de las puertas. Mientras que antes su hijo iba al baño en la tranquila comodidad de su propia casa, ahora se le hace ir a un lugar totalmente nuevo y demasiado ruidoso. Algunos baños públicos tienen ese sistema de descarga automática, que puede asustar al niño aún más. Si su hijo se resiste, se recomienda que lleve una bacinica portátil.

5. Están preocupados por posibles accidentes

Esta es una continuación del último punto. Supongamos que el entrenamiento de su hijo para ir al baño se está llevando a cabo en su casa, lo que le da la confianza de que puede usar el baño en un lugar público o en casa de un amigo o familiar, y usted le presenta a su hijo un nuevo baño, puede que note que muestra signos de nerviosismo. Esto se debe nuevamente a la novedad del inodoro. Si el niño es un poco más grande, puede comunicarle que puede comunicar su necesidad de ir, hacer preguntas como "¿Dónde está el baño?" y expresar su necesidad de ir diciendo, "Tengo que usar la bacinica, por favor, ¿puedes ayudarme?".

Por si acaso, cuando salga con su hijo, empaque un par de ropas limpias y pañales. Esto es por si acaso o cuando tengan un accidente, puede ayudarles a recuperar su confianza cambiándoles rápidamente la ropa limpia y haciéndoles saber que está bien tener un accidente.

6. Directamente se niegan a ir al baño

El entrenamiento para ir al baño, tanto para usted como para su hijo, puede ser considerado como el último campo de batalla. Hay dos métodos de conflicto. Uno es cuando usted se enfrenta a su hijo, y el campo de batalla es el del entrenamiento para ir al baño. Este es el tipo de conflicto malo. El otro tipo de conflicto, el más sano, es cuando usted y su hijo están en el mismo equipo, y el entrenamiento para ir al baño es el oponente. En el primer tipo de conflicto, su hijo se volverá terco, y se convertirá en un problema de control.

Evite eso a toda costa siendo amable con ellos y explicándoles racionalmente que pueden usar la bacinica porque ahora están lo suficientemente maduros para hacerlo. Esté en su equipo; hágales saber que usted está ahí para cuando necesiten ayuda. Otra cosa que puede hacer es proporcionarles la ilusión de control dándoles opciones. Elegir entre dos trajes, elegir un programa de televisión o un juego en la tableta, elegir qué comer, y así sucesivamente. Cuando sientan que tienen algo de control, les facilitará el entrenamiento para ir al baño. Es vital tener en cuenta que hay tres cosas principales que su hijo puede controlar: su necesidad de comer y beber, su rutina de sueño y su uso del baño.

7. Parecen ser más lentos que su otro hijo

No podemos enfatizar lo suficiente que no es una competencia. No la convierta en una. Si su primogénito se adaptó rápidamente al tren de la bacinica y su actual hijo parece tener dificultades para aprender el oficio, no es culpa suya. Un método no necesariamente funciona para todos los niños. Cada niño es diferente en su capacidad de aprendizaje. Un niño puede responder bien a instrucciones simples; el otro puede responder bien a las recompensas y a la afirmación positiva.

Otra diferencia significativa que los padres parecen pasar por alto es la diferencia entre los niños y las niñas que van al baño. Algunos niños tardan más en adaptarse al entrenamiento para ir al baño que algunas niñas. No siempre es así, pero no es algo inaudito en ninguno de los dos.

Cada niño se desarrolla a su propio ritmo. No significa que carezcan o sobresalgan en términos de inteligencia.

8. Sus problemas de salud se agravan e interfieren

El estreñimiento es a menudo el culpable de las dificultades en el entrenamiento para ir al baño. Cuando un niño está estreñido, teme ir al baño por el dolor asociado a las heces. El estreñimiento prolongado puede causar complicaciones al ejercer presión sobre los riñones y la vejiga del niño, haciendo que le resulte doloroso y difícil ir al baño.

Puede agravarse hasta llegar a un estreñimiento crónico, que puede causar encopresis, en la que las heces se acumulan y se obstruyen con heces, y así, las heces líquidas se filtran. Si nota que su hijo tiene accidentes con fugas de caca, consulte con un pediatra.

El estreñimiento puede tratarse haciendo que su hijo beba más agua, introduciendo verduras y frutas en su dieta y utilizando un laxante suave.

El estreñimiento también contribuye a la irritación y a la pérdida de apetito, interfiriendo así en el proceso de aprendizaje del uso del baño.

Efectos psicológicos del entrenamiento en bacinica con biberón

Si usted, como padre, cede al estrés, puede causar que las cosas se estropeen, convirtiendo el crítico proceso de entrenamiento para ir al baño en un fracaso. Si siente que el estrés se está apoderando de usted, puede dar un paso atrás y darse un poco de tiempo propio. Relájese. Respire profundamente. Vuelva a entrar ahí con la mente fresca, porque si cede a su estrés, podría arremeter contra su hijo o golpearlo, y eso puede tener efectos duraderos.

Abuso infantil

La Academia Americana de Pediatría afirma que se producen más abusos infantiles durante el entrenamiento para ir al baño en comparación con otras facetas del desarrollo del niño. Si usted golpea a su hijo o lo castiga durante el entrenamiento, esto llevará a cicatrices emocionales y mentales que permanecerán con él por el resto de su vida. Se manifestará en comportamientos suicidas, violentos, retraídos, depresión, y los hará propensos al abuso de sustancias cuando sean mayores.

Presionarles con sus expectativas

Presionando a su hijo para que actúe, no solo retrasará su proceso de aprendizaje, sino que también lo hará ansioso y temeroso. Esto puede llevar a una afectación fecal haciendo que retenga sus heces por nerviosismo y miedo.

Castigarlos por accidentes

Reprender a su hijo o castigarlo por algo tan natural como un accidente le dará baja autoestima, le hará dudar de sí mismo y le hará sentirse avergonzado. La vergüenza, a su vez, hará que oculten su necesidad de ir al baño. Una vez que el niño haya asociado el entrenamiento para ir al baño con sentimientos de miedo y vergüenza, lo evitará.

Cómo prepararse para el entrenamiento en el uso del baño

Para evitar que se eche a perder el entrenamiento para ir al baño, tenga en cuenta que más que su hijo pequeño, es usted quien necesita prepararse mentalmente para el entrenamiento para ir al baño. Primero, elija su método desde el principio y luego aténgase a él. Una vez que se haya comprometido con un método de entrenamiento en el uso de la bacinica (que discutiremos en detalle más adelante), ayude a su hijo a acostumbrarse a él, animándolo. En segundo lugar, la preparación lo es todo. Si usted está preparado mentalmente y con recursos, será menos agotador para sus nervios. Tercero, tome descansos frecuentes y permítase distanciarse de todo el proceso de crianza por un tiempo. Salga con sus amigos, vaya a ver una película, vaya a un bar y relájese. En cuarto lugar, haga un poco de espacio para el error, para que cuando ocurran accidentes, pueda darse a sí mismo y a su hijo algo de gracia. Por último, si tiene más de un hijo, no compare a uno con el otro, porque allí solo le esperan la decepción y la confusión.

Ahora que hemos cubierto los fundamentos psicológicos del entrenamiento para usar el baño, pasemos a usar el baño por primera vez.

Capítulo cinco: Usar la bacinica por primera vez

Felicitaciones por llegar a esta parte del libro. Significa que ha cubierto casi la mitad del libro, ha entendido lo básico, y ahora está listo para llevar a su pequeño hijo a su primera carrera de entrenamiento para ir al baño. Hemos dividido la tarea en pasos detallados y fáciles de seguir.

1. Elegir la bacinica

Este es un paso que ya hemos cubierto, pero volveremos a tocar el tema como revisión. Como su hijo ya está listo para ir al baño, se recomienda que elija la bacinica con él, involucrándolo en el proceso considerando lo que le atrae de la tienda. Llevar a su hijo de compras con usted servirá para dos propósitos: Será una agradable salida y un momento de unión para usted y su hijo, y les hará sentirse involucrados en el proceso al tener una "elección", la elección es su selección de la bacinica. Use frases como "¿Cuál te gusta más?" y considere el que ellos señalen.

Si se sienten inclinados hacia más de uno, gaste un poco más y adquiera dos bacinicas. Pueden servir como la bacinica principal y la secundaria en casa. En el pasillo donde venden bacinica, también habrá periféricos como mangos, protectores contra salpicaduras y juguetes. Puede comprarlos. Además comprar bocadillos y golosinas para que el viaje para comprar la bacinica se asocie como un viaje gratificante en sus mentes. Más tarde, podrá usar esos bocadillos y golosinas como recompensa por haber usado la bacinica por primera vez.

2. Familiarizarse con la bacinica

Ahora que ha comprado la bacinica y ha seleccionado una adecuado para su hijo, es hora de que conozca la bacinica en casa. Esto difiere de la elección de la bacinica en la tienda, donde despertaron su curiosidad y sensación de asombro por la variedad de opciones que tenían. Ahora que han llegado a casa, esa misma curiosidad podría cambiar al mirar la bacinica. Ya sabe cómo son los niños en términos de su capacidad de atención.

Puede hacer que se familiaricen con la bacinica poniéndola en la sala de estar, en su dormitorio o en el baño, y establecer con su hijo este es el nuevo lugar para usarla.

En este momento, no hay que preocuparse por sacarlos de sus pañales de inmediato, ya que aún no han ido al baño por primera vez. Pero podría ser útil notar cuánto tiempo se mantienen secos entre sus intervalos de orina y heces. Si están secos por más de dos horas, es hora de familiarizarlos con la bacinica. Refuercen las palabras "caca y pis" con la bacinica, para que al menos sepan que es ahí donde tienen que ir. Como la bacinica no se ha usado todavía y está limpia, puede dejar que su hijo juegue con él, despertando su sentido de asombro.

3. Informar que su entrenamiento ha comenzado

Una vez que compra la bacinica, y su hijo se ha familiarizado con ella, es el momento de tener una sesión personal con ellos en la que le anuncie que su entrenamiento en bacinica ha comenzado. Asegúrense de no utilizar términos avanzados o complejos, sino utilice frases que ellos puedan comprender, como "Ahora vamos a usar la bacinica para ir a orinar o hacer caca, ¿de acuerdo?"

Seleccione una frase y manténganla a lo largo del entrenamiento. Si quiere referirse a su orina como pipí y a sus heces como caca, está bien. De hecho, es recomendable.

Para su conveniencia, puede crear una tabla para registrar las horas que permanecen secos, cuando fueron al baño, y cuando ensuciaron sus pañales, y así sucesivamente. Puede involucrar a su hijo en este proceso explicándole lo que significan las filas y columnas del gráfico. Puede preguntarles si tienen alguna pregunta, y luego puede responderles cuando le pregunten.

Es incluso mejor si puede ver un vídeo de instrucciones en YouTube con ellos para involucrarlos más a fondo en el proceso. Si a su hijo le gustan más los libros, hay muchos libros sobre cómo ir al baño por primera vez que puede leer con él.

4. Realizar un ensayo general en la bacinica

Una vez que usted y su hijo se hayan comunicado sobre el comienzo de su entrenamiento para ir al baño, es hora de llevarlos a un simulacro. Aquí es donde les pide que se sienten en la bacinica con la ropa y los pañales todavía puestos. Una vez que le haya presentado la bacinica y le haya explicado su función, invítele o pídale educadamente que se siente en él y no lo convierta en algo grandioso de inmediato. Primero, haga que se siente en él y pregúntale cómo se siente. Intentará decirle lo que siente y experimenta, y le preguntará sobre el gran agujero del medio, o las asas de la bacinica, la forma o el color. Póngales algo de humor a sus preguntas y dígale que tiene que usar la bacinica de ahora en adelante. Vea cuál es su reacción a esta información adicional. Fíjense en cómo responde. Si responde afirmativamente, significa que está listo para empezar y puede continuar con los siguientes pasos del entrenamiento. Sin embargo, si hace un berrinche o muestra emociones negativas, sería mejor hacer una pausa aquí y volver a intentarlo más tarde cuando esté más receptivo y con ganas de interactuar con la bacinica.

5. Ceñirse a un método de entrenamiento para ir al baño

Existen cuatro métodos principales de entrenamiento para ir al baño a los que puede atenerse. No solo existen cuatro; varía para cada niño en cada caso. Hablemos de los métodos.

- **Entrenamiento guiado por los padres.** En este método, usted, como padre, se ciñe a un cierto horario. Uno o más compañeros o cuidadores pueden participar en este método, facilitando así el acceso a un mayor número de personas. Usted asignará el tiempo para que su hijo vaya al baño. La ventaja de este método es que no hay necesidad de grandes cambios en el horario para entrenar a su hijo. Puede encajar todo en su horario, siempre que sea consistente. La desventaja de este método es que como usted dirige el método, su hijo puede ignorar o pasar por alto sus instintos corporales por completo, confiando en que usted lo lleve al baño cada vez.

- **Entrenamiento para ir al baño para bebés.** En este método, se entrena a su hijo en su infancia, es decir, de un mes a cuatro meses. La ventaja de este método es que ahorra mucho dinero en pañales al no proporcionarle a su hijo desde el principio. La desventaja es que este método es muy desordenado. En este método, usted mantendrá un ojo en las señales del cuerpo de su hijo para ver cuándo tiene que hacerse, y luego los sentará en la bacinica. Este método puede requerir que sea intuitivo.

- **Entrenamiento de 3 días.** Hemos discutido este método antes en el campamento de entrenamiento para ir al baño.

- **Entrenamiento dirigido por el niño.** En este método, deja que su hijo se adapte al baño por sí mismo, sin empujarlo ni dirigirlo, en lugar de explicarle que cuando tenga que orinar o defecar, debe usar el baño, y luego dejarlo que se adapte a él a su propio ritmo.

Esta lista no es de ninguna manera exhaustiva, pero cubre los métodos generales que los padres utilizan.

6. Asistirle en su primera vez

Ahora que nos hemos apegado a un método, es hora de ayudarlos en su primera carrera a la bacinica. Va a haber alguna confusión en su extremo, pero eso es normal. Primero, quítele los pantalones a su hijo, luego el pañal, y dígale que se siente en la bacinica. Hágalo solo cuando su intuición le diga que están a punto de hacer sus necesidades. Le harán algunas preguntas sobre por qué deben sentarse en él en lugar de hacer sus necesidades en los pañales. Esta es una excelente oportunidad para explicarles la transición en términos que ellos entiendan.

Una vez que esté sentado en la bacinica, quédese con él, y dígale que se suelte o que haga. Que tiene que empujar para aliviarse, esto puede ser difícil para su primera vez, pero si le toman el truco, valdrá la pena. Podrá parecer confundido, pero eso es natural. Dígale que no hay presión, y que no hay prisa. Si no puede hacerlo, puede tomar una pausa y repetirlo más tarde, cuando esté bien alimentado y necesite ir.

Puede ser bueno distraerlo con un juguete o un cuento, ya que ya tienen el hábito de hacerse en pañales mientras están ocupados haciendo lo que hacen en su rutina habitual. Por lo tanto, piense en que está sentado en la bacinica como si estuviera sentado en una silla normal, y dígale que también en términos que puedan entender.

Agárrale la mano y apriétela suavemente para que se asiente en el peristaltismo que finalmente le hará defecar. Pregúntele si siente presión al hacerlo, y si es así, entonces debe relajarse y dejarlo ir.

Esta es la parte más crítica y debe ser tomada como tal.

7. Darles confianza después de la primera vez

Ahora que ha tenido éxito su primera vez, es hora de reafirmarlo felicitándole y haciéndole saber que ha hecho un buen trabajo. Dele un regalo de su caramelo favorito o un bocadillo para que sepa que tuvo éxito. Pero tenga en cuenta que no debe convertirlo en un hábito. Esto es solo por primera vez, y ocasionalmente en cada quinta o décima sesión de baño exitosa para mantenerlos en el camino correcto.

Explíquele que el hecho de ir al baño por primera vez fue un logro. Béselo, abrácelo y sonría. Un emocionado "¡bravo!" será de gran ayuda para afirmarlo.

Diga frases alentadoras como "¡Hiciste un buen trabajo!" y "¡Estoy tan orgulloso de ti!" No podrá entender exactamente lo que dice, pero captará la frase y la manera en que se pronuncia, entendiendo así que hizo algo bien.

8. Introducir los métodos de limpieza

Aún no hemos terminado. Todavía hay que hacer la limpieza. Ahora, como esta fue su primera vez en la bacinica, no se puede esperar que se limpie solo. Tendrá que ayudarle. Algunos padres deciden que su hijo se limpie por sí mismo de inmediato, mientras que otros padres lo hacen en sus primeros intentos. Decida de antemano lo que quiere hacer.

Si quiere que se limpie solo, preséntele papel higiénico o las toallitas húmedas. Para los niños con piel sensible, las toallitas húmedas son una mejor opción, ya que reducen las posibilidades de que se produzcan sarpullidos. Para la piel normal, el papel higiénico es la mejor opción. Para los niños, enséñales a limpiarse de atrás hacia adelante. Para las niñas, es de adelante hacia atrás para evitar las infecciones urinarias.

Si solo ha orinado, enséñale a sacudírselo si es niño, y a las niñas a limpiarse con una toallita o con papel higiénico.

Una vez que esté completamente limpio, infórmale de la importancia de la limpieza después de ir al baño. Además de su enseñanza, puede reproducir un video explicativo. Hay una gran cantidad de videos de YouTube para niños pequeños que hacen eso por usted.

9. Vaciar la bacinica

Después de que se hayan limpiado, es hora de reforzar esta parte del proceso, pero no de forma agresiva o forzada. Debería ser como presentar lo casual como causal. Tome la bacinica llena, asegurándose de que su hijo se limpie adecuadamente y esté de pie como observador, y explíquele que el contenido de la bacinica va en el "inodoro de los adultos". Luego, puede hacerlo más interactivo para ellos haciendo que miren el contenido vaciado y pulsando el botón o palanca de descarga. Note cómo su interés se despierta cuando ve que el agua se lleva todo el contenido. Pregúntele cómo se siente eso. ¿Se sintió bien? ¿Quiere hacerlo de nuevo? Si es un buen sí, está bien. Eso significa que ya está esperando la próxima sesión.

Una vez que hayan tirado de la cadena, puede mostrarle cómo tirar de la cadena de un inodoro vacío de nuevo y explicarle la mecánica de la plomería en un tono adecuado para niños pequeños. "Las tuberías se llevan la caca y el pipí".

Dígale que hizo un buen trabajo al tirar de la cadena, y que ahora debe pasar al siguiente paso, lavarse las manos.

10. Seguimiento posterior

El seguimiento posterior al baño se puede dividir en dos pasos. Uno: Lavarse las manos y explicarles la importancia de la higiene. Dos: Ponerles la ropa de nuevo.

La primera parte será tediosa para el niño, ya que han dedicado mucho tiempo a la primera sesión de baño, y ahora están ansiosos por volver a su rutina habitual. Entonces, notará un poco de rebelión cuando el niño trate de salir corriendo del baño. Algunos pueden estar muy ansiosos por lavarse las manos, imitando el comportamiento que han observado en sus padres. Puede hacer que las cosas sean interesantes para ellos usando un jabón espumoso para niños que cree muchas burbujas de colores y espuma. Enséñale la forma correcta de lavarse las manos y secársela con una toalla.

Ahora puede volver a ponerle la ropa. Fíjese en cómo el niño se siente de nuevo con una sensación de normalidad una vez que se ha vuelto a poner la ropa y sale del baño, libre de su entrenamiento. En este momento, no debe volver a ponerle el pañal. Ese es el siguiente paso. Solo observe cómo su hijo va sin pañales y aliviado por la casa. ¿Qué es lo que hace? Haga una nota mental en su cabeza.

11. Ponerle el pañal de nuevo

Si está siguiendo el método de entrenamiento de tres días para ir al baño, tal vez quiera saltarse este paso, ya que este paso le hace retroceder un poco en términos de tiempo para el entrenamiento para ir al baño.

Sin embargo, si está siguiendo el método de entrenamiento de los padres para ir al baño, debería observar a su hijo durante al menos una hora y media. Durante este tiempo, si tiene que ir al baño otra vez, debería llevarle a la bacinica otra vez. Si está seco, debe tomar un respiro y volver a ponerle el pañal para darle un respiro y dejarle que vuelva a familiarizarse con su método habitual para aliviarse.

Evite los pañales pull-ups, ya que tienden a detener el proceso de entrenamiento para ir al baño, como hemos discutido anteriormente.

Después de que le ponga el pañal, dígale a su hijo por qué lo ha hecho. Es solo para emergencias. Cuando quieran volver a hacerlo, deben decírselo. No espere que siga sus instrucciones, por eso le ponemos pañales en primer lugar, es decir, para que no cometan errores. Y considerando que era su primera vez en la bacinica, debería haber mucho espacio para los errores. Como con la mayoría de los hábitos, lo perfeccionará cuanto más practique.

12. Comprobar el pañal seco

Después de volver a ponerle el pañal, observe su comportamiento a lo largo del día, más específicamente, cada dos horas, y compruebe el pañal en ese tiempo para medir el tiempo que permanece seco. Si se mantiene seco durante dos o más horas, significa que está listo para continuar con la rutina. Si, por otro lado, no se mantiene seco durante dos horas, no se preocupe, ya que esto es solo el comienzo de su entrenamiento para ir al baño. En la semana siguiente empezará a preferir la bacinica en lugar de los pañales, que es cuando dejamos los pañales por completo.

13. Pedir su opinión

Después de su primera sesión de bacinica, pregúntele a su hijo cómo se sintió, qué le gustó, qué no le gustó, qué quiere hacer de nuevo, y si cree que está listo para seguir usando la bacinica en lugar del pañal. Hágale estas preguntas de manera que no lo trate con condescendencia ni le reste importancia a su entrenamiento en el uso de la bacinica.

14. Cumplir con un plan

Felicitaciones por su primera sesión de baño exitosa con su niño pequeño. Este es el momento oportuno para hacer un plan y seguirlo durante la próxima semana o el tiempo que dure el entrenamiento. Es fundamental que se ciña a ese plan durante todo el entrenamiento.

15. Repetir todo lo anterior

¿Suena un poco agitado? Bueno, lo es. Tiene que repetir los pasos anteriores varias veces durante su entrenamiento. Esto será una prueba de su paciencia y su resistencia. También será una oportunidad para que su hijo aprenda sobre el entrenamiento, y eso viene con su propia cuota de dolores de crecimiento. Pero como usted se atiene a un plan, es racional en todo momento y se da descansos frecuentes, no será un problema insuperable, sino una rutina manejable.

Capítulo seis: Problemas de bacinica y defecación

El dominio del entrenamiento para ir al baño viene con sus propios problemas. Estos problemas pueden complicar el proceso de entrenamiento, haciéndolo a la vez irritante para usted como padre y para su hijo como aprendiz. Discutamos algunos de los principales problemas que pueden surgir en el entrenamiento y encontremos soluciones para cada uno de ellos.

1. No orina; solo defeca

Si nota que su hijo solo defeca y no orina cuando usa la bacinica, no se preocupe. Esto es natural. En el caso de algunos niños, desarrollan el control de sus intestinos antes de poder desarrollar el control de su vejiga. Esto se manifiesta porque solo defecan y no orinan. También se manifiesta en la forma de mojar los pañales y la cama por la noche. Esto no es motivo de alarma. La solución a este problema es relativamente simple y no requiere mucho trabajo. Solo tiene que continuar con el entrenamiento para ir al baño como de costumbre, limpiar la suciedad y cambiar sus pañales por otros nuevos cada vez que orinen involuntariamente.

2. Juegan con sus heces

Los niños son inquisitivos por naturaleza, y su curiosidad puede mostrarse tratando de jugar con sus heces en la bacinica. Pueden intentar agarrarla, sostenerla en la mano y arrojarla, o simplemente intentar olerla. Cuando eso sucede, hay que ser severo con ellos, pero no agresivo. Reafirmarles que las heces no son para jugar con ellas. Es un desperdicio, tiene olor, y ensucia las manos cuando se la toca. Dígales eso y vea cómo responden. Si todavía persisten en querer jugar con sus heces, cámbienlos al inodoro para adultos con un asiento para que no puedan alcanzar sus heces.

3. Su hijo se sienta para orinar

Debería empezar a entrenar a su hijo para que se pare para orinar desde el principio. Si nota que quiere sentarse para orinar, es un problema, pero no uno que no pueda ser abordado. Su solución a este problema debería ser dejar que su hijo se siente y orine al principio, y después de que haya dominado el control de su vejiga, descríbale que tiene que ponerse de pie mientras orina. Si es una madre que intenta que se ponga de pie mientras orina, puede ser mejor dejar que su padre o uno de sus cuidadores masculinos le ayude con el proceso de orinar.

4. La resistencia es inútil

¿Su hijo se resiste a ir al baño? Esto podría deberse a una lucha de poder, que hemos cubierto ampliamente en las secciones anteriores. Tal vez se está resistiendo porque aún no está listo, que es otro punto que hemos cubierto a fondo. Cuando lo ve resistirse, vuelva al paso anterior, es decir, a los pañales, y déjelo unos días antes de volver a entrenar. Esta vez, después de haber comunicado la importancia de ir a la bacinica, será menos resistente y más abierto a la idea de usar la bacinica.

5. Accidentes

Los accidentes ocurrirán. Prepárese para eso de antemano, y se ahorrará un montón de gastos mentales y físicos. Prepárese para cuando ocurran accidentes con artículos de limpieza y una muda de ropa limpia. A veces su hijo no quiere ir al baño y tampoco lleva pañales, lo que hará que defeque en el suelo o que orine en algún lugar de la sala de estar. No es recomendable regañar o castigar a su hijo por cualquier accidente que cause. El castigo hará que se sienta avergonzado y culpable e incluso se rebele.

6. Molestarse por tirar de la cadena

Algunos niños tratan sus heces y su orina como parte de su cuerpo, pensando que desde que salieron de sus cuerpos, la caca y el pis son algo a lo que deben aferrarse en lugar de tirar de la cadena, lo que les causará molestias al tirar de la cadena. Podría causarles un berrinche y un llanto, y el peor de los casos es que intentarán alcanzar el material que se tira por el inodoro. Debe detenerlos si intenta lo último. Para explicarle que está bien tirar de la cadena, puede intentar decirle que sus heces y su orina son malolientes y sucios, y que deben deshacerse de ellos tirando de la cadena. Si al principio parecen estar confundidos, está bien. Se darán cuenta con el tiempo.

7. Miedo al inodoro

Aunque algunos niños pueden tener demasiado entusiasmo en usar el inodoro, otros mostrarán miedo y ansiedad y nerviosismo. Es exactamente por eso que optamos por una bacinica, ya que es manejable y más pequeña y es algo a lo que no le temen. Recuerde, es un proceso paso a paso, y el uso del inodoro viene al final del mismo, no al principio. Por lo tanto, si nota que su hijo pequeño está nervioso por el inodoro, póngalo en la bacinica y siga con este hasta que esté seguro de que ya no tiene miedo. Podría ser bueno para él si le pidiera que vocalizara su miedo para que usted pueda consolarlo.

8. Querer un pañal cuando quiere defecar

Su hijo todavía está tratando de aceptar usar la bacinica, así que es natural que quiera usar un pañal cuando quiera defecar. Esto será un poco confuso para usted, ya que ya le ha enseñado a usar la bacinilla, así que ¿por qué quiere volver al pañal para defecar? La respuesta es la familiaridad. Están familiarizados con el alivio en los pañales desde hace tanto tiempo que en lugar de elegir la bacinica de inmediato, se quedarán con los pañales. No hay motivo para frustrarse por esto, ya que en las sesiones siguientes, comenzará a usar la bacinica más a menudo y dependerá menos de los pañales, y finalmente no usará los pañales en absoluto. Si eso suena como una fantasía ahora, confíe en el entrenamiento y crea que superará su necesidad de pañales muy pronto.

9. Defecar en un lugar específico que no sea el baño

Esto es más bien una continuación del último punto. ¿Ha notado que su hijo va a un lugar específico de la casa cuando muestra signos de querer orinar o defecar? ¿A dónde va? ¿Se esconde detrás del sofá o de las cortinas? ¿Se pone en cuclillas delante de la TV en el salón y hace caras de tensión? Cuando pone la bacinica delante de él, ¿se resiste a sentarse en él y en su lugar intenta volver a su anterior modo de alivio? Si es así, hay una solución fácil para eso. Seguirlo a donde va para aliviarse y poner su bacinica allí y pedirle que se suba a él. Quítele la ropa y póngalo en la bacinica en su lugar conocido y repítalo hasta que se haya aclimatado más a la bacinica que a su lugar familiar.

10. Mojar la cama

Aunque cubriremos el mojar la cama en la sección de entrenamiento nocturno para ir al baño, considerémoslo por ahora como un problema de entrenamiento para ir al baño y discutamos cómo puede ayudar a su hijo pequeño a dejar de mojar la cama. Los niños tardan mucho tiempo en completar su entrenamiento nocturno. Más que el entrenamiento diurno para usar el baño. Eso se debe a que el entrenamiento nocturno para ir al baño viene con su propio conjunto de desafíos. Lo más importante que puede hacer como padre o tutor es hacer que vaya al baño antes de dormir, minimizar la cantidad de líquido que consume antes de irse a la cama y asegurarse de que use el baño justo después de que se despierte. Si desea evitar que se moje en la cama instantáneamente, puede ser prudente usar pañales durante unos días hasta que hayan comenzado su entrenamiento nocturno. Puede transmitirle que debe informarle si se despierta durante la noche con ganas orinar. Esto requerirá que esté alerta cuando esté durmiendo, ya que si ha entendido lo que le ha dicho, vendrá a usted cuando necesite orinar, y si está durmiendo cuando venga a usted, creará un desastre.

11. Solo defeca u orinan justo después de haber estado en la bacinica

Este es probablemente el más frustrante de los problemas de entrenamiento para ir al baño, y usted no tiene la culpa si se siente irritado cuando esto sucede. Usted sentó a su hijo en la bacinica y esperaba que lo hiciera, pero en lugar de usarlo, se mantiene seco y se hace justo después de que usted lo saca de la bacinica. Puede que se ensucie en el suelo o en la ropa. Esto le resultará molesto, incluso irritante, y se preguntará por qué está sucediendo esto. Esto pasa debido a la presión. Sienten que se les presiona para actuar, y al no poder hacerlo, hacen un desastre. Si esto sucede, puede retrasar el entrenamiento para ir al baño hasta que deje de hacerlo, o puede soportar el desorden que hace y seguir sentándolo en la bacinica y quedarse con él mientras intenta aliviarse.

12. Solo van al baño con una persona específica

¿Hay varios cuidadores en su casa, además de usted y su pareja? ¿Las personas como la tía o el tío de su hijo o los abuelos o la niñera? ¿Su hijo solo va al baño con una persona específica? Esto no es exactamente un problema, sino que se trata de la comodidad de su hijo. Se sienten cómodos yendo al baño con una persona específica. Si quiere que vaya al baño con usted, aquí tiene un par de cosas que puede probar: vuelva a familiarizarse con su hijo pequeño si durante los últimos días siente que ha estado distante con él; permanezca con él mientras usa el baño con la persona con la que se siente cómodo; y luego, finalmente, retire a la persona hasta que solo estén usted y el niño pequeño en el baño.

13. Volviendo a los pañales

¿Siente que su hijo vuelve a los pañales después de haber corrido con éxito al baño un par de veces? Intente señalar los cambios en el ambiente que podrían estar causando que se reviertan. ¿Está sufriendo estrés? ¿Es la rutina de ir al baño demasiado rigurosa para él? ¿Existe una brecha de comunicación entre usted y su hijo? ¿Es incapaz de ir al baño? Trate de encontrar la raíz del motivo por el que quiere usar los pañales y elimine esa causa en lugar de volver a ponerlo en pañales. Sin embargo, si el desorden persiste, tal vez quiera hacer una pausa en el entrenamiento para ir al baño allí mismo y volver a ponerlo en pañales por el momento.

14. Se esconde cuando hace un desastre

Su hijo se esconderá detrás de los muebles más a menudo si está haciendo un desastre en algún lugar de la casa que no sea en sus pañales o en la bacinica. Encontrar el desorden es la parte más fácil de este problema. Solo tiene que seguir su olfato. Tratar con el niño es la parte difícil. Estará tentado a reprenderle, pero eso no será beneficioso ni para usted ni para su hijo. Puede sentarle, hablar con él e intentar comprender por lo que está pasando. Intentará decirle lo que siente, y por muy disparatadas que suenen sus palabras, es crucial que le escuche e intente averiguar el problema subyacente. ¿Es la confianza o la falta de ella? ¿Es porque tienen un malestar estomacal? ¿O es posible que haya empezado el entrenamiento demasiado pronto y no esté listo todavía?

¿Cómo puede resolver algunos de estos problemas de entrenamiento para ir al baño?

Si se enfrenta a alguno de los problemas mencionados, o peor aún, a muchos de ellos al mismo tiempo, es natural que se haya sentido frustrado por la falta de progreso en su entrenamiento. Repasemos algunos métodos que puede aplicar en su entrenamiento para facilitarle las cosas a usted y a su hijo.

Psicología inversa

Más específicamente: Fingir que no le importa. ¿Suena un poco frío? Bueno, no tiene por qué ser así. No espere que se vuelva tan distante que su hijo empiece a desear su atención. Pero tiene que fingir que no está demasiado frustrado por el problema en su entrenamiento. Le quitará algo de presión a su hijo y le permitirá volver a familiarizarse con su rutina. Una vez que vuelva a su zona de confort, empezará a entrenar para ir al baño con un poco más de entusiasmo. ¿Por qué funciona la psicología inversa? Porque algunos niños tienen el don de decir no a lo que les proponga. No es algo que hagan a propósito, sino que es una parte esencial de su crecimiento. No tiene nada que ver con la forma en que los ha estado entrenando hasta ahora. Es solo que han aprendido una palabra desconocida, es decir, "no", y están empezando a entender sus connotaciones.

Un ejemplo de psicología inversa sería decirle que si no ha ido al baño todavía, está completamente bien. De esta manera, no tendrá que llevarle al parque y podrán quedarse en casa todo el día. Ahora, en este escenario, si a su hijo le encanta ir al parque, empezará a pensar, "Oh no, realmente quería ir al parque, y ahora no vamos a ir". Después de hacer esto una o dos veces, note cómo van al baño por su cuenta. La psicología inversa del entrenamiento para ir al baño es una excelente herramienta a disposición. Si le hace sentir un poco malvado, bueno, no la use. Está tratando con un niño pequeño, y excluyendo el castigo y la reprimenda, todo vale.

Recortando sus recompensas

Si comenzó a darle recompensas a su hijo cada vez que usó la bacinica, es muy probable que haya hecho algo pavloviano. Ahora asocia el ir a la bacinica con la recompensa que obtendrá, y cuando no le ofrezca una recompensa, se pondrá ansioso e irritado y no podrá usar la bacinica.

Si este es el caso, considere la posibilidad de reducir sus recompensas y volver a entrenar sin mucho barullo y sin involucrarse. Considere esto: No siempre va a recibir una recompensa cada vez que vaya a usar el baño. ¿Es posible que los esté malcriando con demasiadas recompensas? Esto podría ser involuntario, ya que darle la promesa de recompensa si va al baño con éxito puede ser una solución atractiva y fácil para un problema que parece no tener solución por el momento.

Reduciendo sus recompensas y reafirmando que tiene que ir al baño, se podrá hacer frente mejor al deseo pavloviano de tener una recompensa cada vez que usa el baño.

Esto también es cierto para las estrellas y los colores que van en su tabla de entrenamiento para ir al baño. En algún momento, tiene que reducir la naturaleza festiva de su uso de la bacinica. Es mejor si es más pronto que tarde.

Solucionando sus problemas de estreñimiento

A veces no es por el estado de ánimo de su hijo que no puede usar la bacinica, sino por su incapacidad física para hacerlo. El caso del estreñimiento puntual. Fíjese si el niño está más irritable de lo normal y siempre está nervioso cuando es hora de ir al baño. ¿Gruñe y se esfuerza más de lo normal? Si es así, puede ser que esté estreñido. Introduzca alimentos con alto contenido en fibra en su dieta, como verduras y pan integral, para ayudarle con el estreñimiento. Sin embargo, tenga cuidado, ya que introducir más de la dosis recomendada de alimentos ricos en fibra en su dieta tendrá un efecto negativo en la salud de su estómago.

¿Su hijo lo está poniendo a prueba?

El crecimiento cognitivo de un niño le permite comprender sus patrones y poner a prueba los límites que le ha impuesto. Esto puede parecer una rebelión para nosotros los adultos, pero para un niño, estos pequeños actos de rebelión ("No" en respuesta a una petición que usted hizo, hacer berrinches cuando intenta forzarle a hacer algo, y tirar cosas por la casa con ira) tienen perfecto sentido. Pero tampoco se espera que se quede de brazos cruzados. Sea firme con los límites que ha establecido y apéguese a ellos, independientemente de que haga una rabieta o se niegue a hacerlo. Usted es el adulto aquí, no ellos. Usted sabe lo que es mejor para su hijo, no ellos. Aquí, de nuevo, la psicología inversa puede entrar en juego y hacerle creer que tiene el control en lugar de usted. Una vez que eso se ha afirmado, querrán ir al baño por su cuenta. Tanto si le está probando como si no, el hecho es que tarde o temprano, tiene que usar la bacinica.

Capítulo siete: Entrenamiento nocturno para ir al baño

El entrenamiento nocturno para ir al baño es un campo de juego totalmente diferente, que requiere un capítulo separado y detallado donde cubriremos lo básico, algunos consejos, y el tiempo que le tomará a su hijo pequeño ser entrenado. Vamos a entrar en ello.

Diferencia entre el entrenamiento diurno y nocturno para ir al baño

Hay varias diferencias entre el entrenamiento diurno y nocturno para ir al baño, siendo la más marcada sus diferentes movimientos intestinales y vejiga. Por supuesto, su hijo ya ha conseguido un poco de control sobre su vejiga e intestinos. Esto se puede observar en sus hábitos diurnos de ir al baño, pero ¿qué pasa con los nocturnos? Bueno, el entrenamiento nocturno requiere que tengan más control sobre estos dos músculos que durante el día porque pierden el control voluntario mientras duermen. Se puede notar esto en forma de mojar la cama e incluso hacer caca mientras duermen. Esto no es motivo de alarma o preocupación. Esto es exactamente por lo que estamos cubriendo el entrenamiento nocturno. Una experta en el entrenamiento para ir al baño, Samantha Allen, dice que el uso del baño es un proceso diurno y que no se puede esperar que le enseñe algo a alguien cuando ha perdido la conciencia, es decir, cuando está durmiendo. Sin embargo, añade, usted puede hacer que su hijo se mantenga seco durante la noche.

Recuerde que el entrenamiento nocturno requiere muchos requisitos de desarrollo, el más importante es el control de sus músculos. Control subconsciente. Su hijo puede ser excelente en su entrenamiento diurno para ir al baño, pero solo podrá entrenar con éxito para la noche cuando haya cubierto algunos hitos de desarrollo. Otro hito importante que debe cubrir es el de sus hábitos de alimentación y bebida. Por último, es la hormona que suprime la producción de orina por la noche el factor más crucial en su entrenamiento nocturno. Si la producción de esa hormona no ha comenzado todavía, su entrenamiento no puede ser completo. Si intenta perseverar en esa fase sin la ayuda de la hormona, va a impactar la autoestima y la confianza del niño, haciéndole confundir e irritar. Les hará temer ir al baño.

El entrenamiento nocturno para ir al baño se hace mucho más tarde que el entrenamiento diurno para ir al baño. A menos que su hijo domine todos los elementos del entrenamiento diurno para ir al baño, no se puede esperar que sobresalga en el entrenamiento nocturno.

Cuándo comenzar el entrenamiento nocturno para ir al baño

Considere la posibilidad de entrenar al niño para ir al baño por la noche una vez que muestre signos de estar preparado. Algunos signos de preparación que hay que tener en cuenta incluyen:

1. Ver que su pañal está caliente cuando se despierta. Si está frío, no está listo para el entrenamiento nocturno para ir al baño. El pañal caliente significa que su hijo está mojando el pañal después de que se

ha despertado. Un pañal frío sugiere que se hizo en algún momento de la noche cuando estaba dormido. Además, fíjese si el pañal tiene heces cuando se despierta. Normalmente no debería tener heces en él, pero si hay señales, podría ser mejor dejar de entrenar hasta que sus pañales estén vacíos de heces. Recuerde, esto no es culpa del niño, ya que sus cuerpos están sometidos a movimientos involuntarios e inconscientes cuando están dormidos.

2. Una vez que se haya comprobado que su pañal está caliente y húmedo en lugar de frío y mojado, la siguiente señal para estar preparado es comprobar la frecuencia con la que su pañal está seco cuando se despierta por la mañana. Si los pañales están secos con frecuencia, significa que ha empezado a controlar su vejiga mientras duerme. Esto puede deberse a la producción de hormonas o al fortalecimiento de la vejiga. En ambos casos, es una gran victoria.

3. El último paso que hay que tener en cuenta en cuanto a la preparación es que su hijo le pida que le quite el pañal o los pañales cuando quiera dormir. Esto significa que está seguro de que no mojará la cama mientras duerme. Esto también significa su deseo de independencia. De nuevo, en ambos casos, esto es una gran victoria, ya que ha progresado más allá de las tres señales y ahora está listo para enseñar a su hijo a entrenar por la noche.

Si desea más aclaraciones sobre si están listos o no, hágase estas preguntas: ¿Es su hijo capaz de seguir instrucciones simples? ¿Es físicamente capaz de ir al baño? ¿Puede ir al baño por sí solo? ¿Se mantiene seco durante más de dos horas? Si la respuesta a la mayoría de estas preguntas es afirmativa, su hijo está listo para el entrenamiento nocturno para usar el baño. Si todas las señales de preparación están presentes, es mejor que empiece su entrenamiento nocturno más pronto que tarde, ya que si retrasa el proceso, podría causar complicaciones con su entrenamiento diurno. La edad típica para el entrenamiento nocturno es entre 2 y 3 años. Lo ideal es que si el niño ha pasado unas semanas sin incidentes, es mejor comenzar su entrenamiento.

¿Cuánto tiempo dura el entrenamiento nocturno para ir al baño?

Es natural preguntarse cuánto tiempo durará este entrenamiento, ya que a estas alturas ya habrá dominado el entrenamiento diurno. Bueno, la mayoría de los niños pueden pasar una noche entera a la edad de cuatro o cinco años. El mojar la cama, sin embargo, persistirá un poco más hasta después de los cinco años, ya que es una deficiencia del desarrollo y no una cuestión de edad cronológica. Si tiene una hija, notará que habrá una ligera diferencia entre entrenarla y entrenar a un hijo. No es una diferencia tan grande, pero para aclararlo, lo trataremos con detalle en el próximo capítulo.

Puede esperar que el entrenamiento nocturno dure alrededor de uno o dos meses, ya que habrá muchas noches en las que se produzcan inconsistencias, algunas noches en las que mojen la cama, algunas semanas en las que no lo hagan ni una vez. Es mucho para asimilar, por lo que hemos preparado algunos consejos que puede seguir para asegurarse de que todo vaya bien. De nuevo, aquí la paciencia es la mayor virtud que le acompañará en esta parte de su entrenamiento. Paciencia y empatía. Entienda que el entrenamiento nocturno es relativamente más difícil que el diurno y que su hijo pequeño está haciendo todo lo posible para aprender.

Consejos que puede seguir

Si quiere deshacerse de los pañales de la noche a la mañana, siga estos consejos para asegurarse de que su hijo aproveche al máximo su entrenamiento nocturno.

1. Estableciendo un plan de entrenamiento diurno consistente

El éxito del entrenamiento nocturno depende de la consistencia del entrenamiento diurno. Ambos son directamente proporcionales. Una vez que hayan pasado unas semanas, o mejor aún, un mes y medio, puede empezar el entrenamiento nocturno. El plan de entrenamiento diurno debe ser individualizado para adaptarse a su hijo. No es un plan que se ajuste a todos los casos.

Repasemos lo básico del entrenamiento diurno para ir al baño: Se mantienen secos durante dos o más horas, han empezado a usar la bacinica por su cuenta, pueden quitarse la ropa y ponérsela cuando terminen, y pueden lavarse las manos.

Ahora considere cómo afecta eso a su entrenamiento nocturno. Una vez que haya comenzado, hágale saber que debe ir al baño una vez antes de ir a dormir, y una vez a la mitad de la noche cuando se despierte. Puede comunicarle esto con instrucciones sencillas y fáciles de seguir que no los aturda ni los confunda. No espere que sigan estos pasos de inmediato. Llevará algún tiempo. Mientras tanto, siga entrenándolo durante el día, independientemente del progreso de su entrenamiento nocturno. Su confianza en el entrenamiento diurno jugará un papel clave en el nocturno.

2. Tomando en cuenta su historia familiar

Si sus padres están disponibles para hablar, debería preguntarles cuánto tiempo le tomó a usted ir al baño tanto de día como de noche. Pregúntales sobre los métodos que usaron para entrenarle, qué les funcionó y qué no les funcionó. Pregúnteles sobre la edad en que usted dejó de mojar la cama, la edad en que fue al baño sin su ayuda y la edad en que dejó los pañales. Será un paseo nostálgico por los recuerdos, y una excelente oportunidad para aprender sobre su historia. Más tarde, puede usar ese conocimiento en su beneficio, implementándolo en la vida de su hijo.

Los niños se parecen a sus padres, y no solo en cuestiones de apariencia. Emulan los mismos hábitos, el mismo gusto en las cosas, y los mismos disgustos. Conocerse a sí mismo le dará una idea del comportamiento de su hijo pequeño de una manera totalmente nueva. Esto no se limita solo a usted. Anime a su pareja a preguntar a sus padres sobre su historia. Para ampliar el fondo de información, puede preguntar a sus tíos y tías sobre sus experiencias con sus primos.

Los accidentes como el mojar la cama ocurren en la familia. Saber si usted solía mojar la cama o no le informará sobre las tendencias del niño.

3. Limitar su ingesta de líquidos

Para evitar que se moje en la cama por la noche, la ruta más recomendada es limitar la ingesta de líquidos de su hijo en la noche. Lo ideal es que no le deje beber nada después de la cena. Pero esta no es una regla rígida, ya que su hijo seguramente tendrá sed en algún momento después de la cena. La solución fácil es conseguir uno de esos vasos de plástico de colores brillantes. Llenarlos con agua, leche o jugo no solo calmará la sed de su hijo, sino que lo hará sentir como si hubiera bebido una cantidad sustancial de líquido porque verá el vaso lleno y no su pequeño tamaño.

Los líquidos azucarados son un rotundo no después de la cena, ya que tienden a llenar la vejiga con más agua en comparación con el agua corriente.

En cualquier caso, no debería presentarle a su hijo los refrescos tan pronto. No es bueno para sus dientes, así como para su salud. Si su hijo es intolerante a la lactosa, se verá obligado a hacer un desastre en la cama si le da leche. El agua que le dé en la cena y después de la cena no debe estar demasiado fría, ya que el agua fría también induce la necesidad de orinar.

4. Haga que vaya al baño antes de irse a la cama y después de que se despierten

Una vez que haya decidido entrenar a su hijo para ir al baño por la noche, debe hacer que vaya al baño al menos una vez antes de irse a la cama. Lo ideal es que lo haga media hora antes de acostarse. Por otro lado, esta es una excelente oportunidad para formar el hábito del cepillado nocturno. Pero como solo son sus dientes de leche, está bien si no coge el hábito del cepillado nocturno de inmediato. Puede ser indulgente en ese sentido.

Llévelo al baño a primera hora después de que se despierte y haga que se siente en él unos minutos para vaciar su vejiga e intestinos. De nuevo, es un excelente momento para acostumbrarles a cepillarse los dientes después de despertarse. Cuanto antes adquieran ese hábito, mejor.

Note la consistencia de su rutina de baño antes y después de que se despierte. Si se adhiere a ella regularmente, significa que su entrenamiento nocturno para ir al baño está progresando a buen ritmo. Ahora puede ser el momento de darse una palmadita en la espalda por un trabajo bien hecho, pero no demasiado duro, ya que aún no hemos salido de la rutina de entrenamiento.

5. Preparación para posibles accidentes

Los accidentes nocturnos de entrenamiento en el uso del baño son considerablemente diferentes de los diurnos, siendo el problema de mojar la cama más prominente e irritante, tanto para usted como para su niño pequeño. En este caso, debe prepararse colocando dos capas de sábanas, utilizando una lámina de plástico debajo de las mismas para asegurarse de que la humedad no se absorba en el colchón, y manteniendo una muda de ropa, pañales y sábanas a mano en caso de que moje la cama. Un método muy completo para contrarrestar la humedad de la cama incluye añadir un protector impermeable, una sábana encima, luego otra capa de protector impermeable, y por último, otra sábana por encima. Cuando moje la cama, puede quitar las dos capas de arriba y no tendrá que preocuparse de cambiar las dos sábanas de abajo. Si busca una solución rápida, considere añadir paños para pis debajo de las sábanas.

6. ¿Debe despertarlo en la noche o no?

Esta es una buena pregunta. ¿Debe o no debe despertarlo durante la noche? Algunos padres que son rigurosos sobre el entrenamiento nocturno despiertan a su hijo tanto si tiene un sueño profundo como si no. Esto no es recomendable, ya que al despertar al niño que tiene un sueño ligero, se perturba el resto de su ciclo de sueño, por lo que se irrita y molesta innecesariamente. Despierte a su hijo por la noche solo si está seguro de que puede dormirse fácilmente una vez que termine de usar la bacinica. Sin embargo, si se siente agotado después de los primeros intentos, puede saltarse esta parte del entrenamiento y pasar a la siguiente, ya que esto no es tan crucial para su entrenamiento nocturno como los otros pasos.

7. Comprobando sus patrones de sequedad

Vigile el tiempo que permanece seco después de que se despierta y si su pañal está seco después de que se despierta. Si su pañal permanece seco durante una semana, es hora de avanzar y tratar de hacerlos dormir sin pañales o pañales pull-ups.

8. Siguiendo su ejemplo

En el caso de uno de los padres, su hijo de cinco años empezó a decirles que estaba listo para el entrenamiento nocturno. El padre no le preguntó a su hijo, ni lo presionaron de ninguna manera. El niño inició el entrenamiento nocturno porque quería estar seco en su cama.

Tome nota de ese ejemplo e intente seguir el ejemplo de su hijo. Están en sintonía con su cuerpo, tanto como un niño puede estarlo, y a veces saben mejor cuándo empezar. No los fuerce ni intente que se pongan en marcha, ya que esto agrava el problema en lugar de resolverlo.

9. Celebrando las pequeñas cosas

Una vez que haya progresado en mantener la cama y los pañales secos durante una semana más o menos, celebre este hito con ellos dándole su regalo favorito, viendo una película con él o llevándolo de compras de juguetes.

10. Entendiendo la causa

Puede haber una causa subyacente para que se moje en la cama. Puede ser un problema de salud. Si nota que se moja en la cama constantemente, llévelo a un pediatra y discuta cuál puede ser el problema. Puede ser la producción desigual de hormonas o la debilidad de la vejiga. En cualquier caso, el doctor le prescribirá la medicación y un régimen alimenticio a seguir.

Capítulo ocho: El entrenamiento de baño de las niñas versus los niños

El entrenamiento para ir al baño de una niña, difiere del entrenamiento de un niño. Sin embargo, es un desafío en ambos casos. Veamos las distintas diferencias entre entrenar a una niña y a un niño.

Los niños tardan un poco más en entrenar

Los niños no muestran interés en usar la bacinica al principio. Las niñas, en comparación, son más receptivas a él. Debido a eso, los niños son más lentos para dominar el uso de la bacinica. El mito de que los niños tardan más en entrenarse que las niñas se origina aquí. Esto no es exactamente cierto. El marco de tiempo para el entrenamiento de ambos es casi el mismo. Es solo que los niños empiezan un poco más tarde. En términos de completar el entrenamiento, el tiempo aproximado se mantiene igual sin importar su género. En una encuesta de 1.300 madres realizada por Made for Moms, se encontró que aproximadamente el 56% de las niñas estaban entrenadas para usar el baño a la edad de 2 años y medio, mientras que solo el 44% de los niños lo hacían a esa edad. Aunque no es una gran diferencia, si usted es un padre que compra pañales, esta pequeña diferencia puede parecer más grande en términos económicos.

Los niños tienen que aprender dos formas diferentes

Los niños tienen que aprender a pararse para orinar y luego sentarse para defecar mientras que las niñas solo tienen que aprender a sentarse. Algunos padres enseñan a sus hijos a ponerse de pie primero y luego a sentarse en la bacinica. Otros padres hacen lo contrario; enseñan a sus hijos a sentarse y hacer tanto caca como pis en la bacinica y luego les enseñan a levantarse y a hacer pis. La parte difícil es enseñarles a apuntar su orina en el inodoro para que no cause salpicaduras. Si les enseña a orinar estando de pie, solo pasa a sentarse una vez que domine el orinar de pie, y si le enseña a sentarse, solo pasa a estar de pie una vez que domine el sentarse. Por supuesto, las reglas para defecar son diferentes. Las instrucciones anteriores son solo para orinar. Cuando se trata de defecar, tanto los niños como las niñas tienen el mismo método, es decir, sentarse. Incluso pueden orinar durante la sesión de defecación, lo cual es natural y debe ser fomentado.

Las niñas maduran más rápido que los niños

Esto no es un mito. Las niñas, de hecho, se desarrollan más rápido que los niños en términos de inteligencia y fisiología. Las niñas también desarrollan habilidades lingüísticas más rápido que los niños, lo que les permite entender sus instrucciones más rápido, facilitando así el entrenamiento para ir al baño. Las niñas también aprenden a quitarse y ponerse los vestidos más rápido que los niños, y a controlar su vejiga e intestino más rápido que los niños, todo lo cual facilita su entrenamiento. Pero se debe tener en cuenta que el período de entrenamiento sigue siendo el mismo tanto para los niños como para las niñas.

Ahora hagamos una comparación paralela para los niños y las niñas en varias etapas de su entrenamiento en el baño.

El inicio del entrenamiento en bacinica se basa en su género

Aunque el *cuándo* depende de cada niño más que cualquier otra pauta preexistente, el género del niño puede jugar un papel muy importante en la decisión de cuándo comenzar su entrenamiento.

Niños: Se tomarán su tiempo para estar preparados para empezar a entrenar en el baño. Por lo tanto, su entrenamiento se retrasará en comparación con las niñas. ¿Cuánto de retraso?, se preguntará. Bueno, unos pocos meses más o menos. Los factores que deciden sobre su preparación incluyen su interés en el entrenamiento para ir al baño, el desarrollo de su control de intestinos y vejiga, y su rutina. La mayoría de los padres que entrenan a sus hijos dicen que empiezan a enseñarles a los dos años.

Niñas: Las niñas se adaptan más rápidamente al entrenamiento para ir al baño desde el principio. Lo manifestarán mostrando interés en ir al baño. Si tiene una niña, puede empezar a entrenarla a los 18 meses. Antes de eso, no estarán completamente listas.

Aunque estos son los tiempos aproximados para comenzar su entrenamiento, recuerde que para cada niño, el caso es diferente, sin importar su género, donde algunos se adaptan rápidamente, otros son aprendices moderados, y algunos lentos para aprender a ir al baño. Para ver si están listos para el entrenamiento en bacinica, consulte el primer capítulo del libro para ver las señales de su preparación.

Otra diferencia en la elección de cuándo empezar a entrenar al niño en el uso de la bacinica es su elección de la distracción. Las niñas tienden a ser más reservadas en la mayoría de los casos, confiando en juguetes más sutiles y en la música y las películas para distraerse. Por el contrario, los chicos son un poco más ruidosos, confiando en juguetes más ruidosos, vídeos más fuertes y videojuegos para mantenerse ocupados. Esta es otra razón por la que las niñas aprenden a ir al baño mejor que los niños, ya que no se distraen tanto con sus juegos como los niños. Los niños están más preocupados con sus juguetes, juegos y películas, y por eso puede ser difícil enseñarles a usar la bacinica.

Ajustar las técnicas de entrenamiento para ir al baño en base a su género

Si usted es padre de más de un niño, puede que haya visto que su hijo mayor era bastante diferente para entrenar al menor. Si el hijo mayor era una niña, entonces podría haber tomado menos tiempo para entrenar. Si era un niño, podría haber tardado más tiempo en entrenar. Tiene que recordar que debe cambiar y probar diferentes técnicas para el entrenamiento para ir al baño, y a veces, debe idear una técnica personalizada que no haya usado antes.

Niños: Los niños se sentarán en la bacinica, harán, y luego se levantarán y dirán que han terminado. No se preocuparán por limpiarse de inmediato. Además, cuando se trata de limpiarse, para los chicos, esto no es una gran preocupación, ya que pueden limpiarse de atrás hacia adelante y de adelante hacia atrás.

Niñas: Pero las niñas deben limpiarse de adelante hacia atrás, o de lo contrario contraerán infecciones bacterianas en su vagina. Las niñas también se adaptarán más rápido a la bacinica, ya que querrán ser "niñas grandes".

Diez consejos específicos de género para ayudar a su hijo pequeño

Consejo #1

Niñas: Eligiendo asientos de tamaño apropiado

Se recomienda comprar una bacinica más pequeña y compacta para su niña. Esto reducirá las posibilidades de salpicaduras al orinar, y las posibilidades de que se caigan dentro. Los niños tienden a necesitar bacinicas más grandes que las niñas. Para nosotros, nuestro inodoro de tamaño adulto puede parecer muy normal y manejable en tamaño, pero piense en ello desde la perspectiva de su hija. ¡Es un trono de Goliat de porcelana!

Niños: Obteniendo la luz verde

Si empieza a entrenar a su niño antes de tener su consentimiento, le va a salir el tiro por la culata. Primero, asegúrese de que está listo, y luego empiece su entrenamiento. De esta manera, no hará berrinche ni se pondrá quisquilloso por ir al baño. Tienen que estar interesados, tienen que estar dispuestos a intentarlo, y deben ser físicamente capaces de ir al baño antes de que su entrenamiento pueda comenzar.

Consejo #2

Niñas: Quieren divertirse

Hablar con su niña de manera sincera, amistosa y emocionante sobre su entrenamiento para ir al baño, y explicarle cada paso de manera afirmativa hará que sea más receptiva a su entrenamiento. Hágalo divertido, hágalo emocionante; hágalo memorable.

Niños: Primero agachados, segundo de pie

No está grabado en piedra ni nada, pero es mejor si enseña a su hijo a sentarse primero para orinar y defecar, y luego aprender a levantarse y orinar después.

Consejo #3

Niñas: Verse guapas le dará resultados

Las niñas están muy interesadas en comprar ropa interior de colores para ellas. Use eso como un incentivo para entrenarlas llevándolas a comprar ropa interior. Escoja la que más les guste y haga que la use cuando esté en casa. ¿A quién no le gusta comprar ropa interior fresca, nueva y excitante?

Niños: Déjelos sin pañales

No hay que avergonzarse de dejar a su niño vagar por la casa, sin llevar pañales. Si lo hacen por voluntad propia, déjelos. Si quieren acelerar el proceso, háganlo ustedes mismos. Quítele los pantalones y los pañales y déjelos con la camisa puesta. Cuando tengan que hacer, se lo harán saber, y podrá llevarlos al baño. Si hacen un desastre, al menos no se ensuciarán los pantalones ni usarán pañales. Entonces, es una situación de ganar/ganar, ¿verdad?

Consejo #4
Niñas: Premiarlas con algunos dulces

Las niñas serán más receptivas a las golosinas que los niños porque es más probable que los niños estén inmersos en alguna actividad mientras van al baño en comparación con las niñas. Entonces, ¿qué incentivo se debe ofrecer a las niñas en lugar de la inmersión? La respuesta es simple. Dulces. Los mini M&Ms son el mejor tipo de golosinas que se pueden dar después de cada vez que van al baño con éxito. Puede darle uno cuando hacen el número uno, dos cuando hacen el número dos, y tres si se limpian bien. Piense en ello como una forma de endulzar el trato para ellas. ¿Recuerda si sus padres le daban golosinas cuando iba al baño cuando era niño? Si es así, piense en el efecto positivo que esto tendrá en su memoria a largo plazo cuando lo recuerde de adulto.

Niños: También quieren divertirse un poco

Para los niños, todo el proceso de entrenamiento para ir al baño debe ser divertido, ya que apela a su naturaleza. Para las niñas, esto no es un problema tan grande. Pero para los niños, tendrá que asegurarse de que su interés periférico sea cautivado por el libro, una canción, una película en su tableta o un juguete que les guste. Al principio, será solo una fuente de distracción, pero en el futuro, se convertirá en una especie de estímulo para ir y usar la bacinica más a menudo. Y eso es lo que queremos, ¿verdad?

Consejo #5
Niñas: La importancia de la limpieza

Como hemos discutido antes, esto no es un problema para los niños tanto como para las niñas. Los niños pueden limpiarse de cualquier manera, y eso está bien, siempre y cuando se limpien bien. Con las niñas, debe enseñarles la forma correcta de limpiarse.

¿Recuerda qué es eso de las secciones anteriores del libro? Así es: de adelante hacia atrás; ¡esto es crucial para la salud femenina! Las niñas tienen una abertura en sus órganos más preciados, y si les enseña a limpiarse de atrás hacia adelante, llevarán gérmenes y bacterias a esa abertura, causando infecciones del tracto urinario, que pueden ser muy dolorosas y a la vez muy irritantes. Es un infierno deshacerse de estas, considerando la edad de la niña.

Niños: Centrándose en conseguirlo

Para los niños, trate de entrenarle para ir al baño lo más rápido posible una vez que hayan comenzado. Esto se debe a que arrastrarlo durante semanas o incluso meses no les ayudará ni a usted ni a ellos. Su niño perderá el interés si el proceso se prolonga demasiado, lo que se manifiesta en forma de berrinches o irritaciones cuando tienen que ir al baño. Además, piénselo desde su perspectiva: se desviará por todas las cosas que pasan en su propia vida. Esto eventualmente llevará a la frustración en ambos extremos, y no queremos eso. Solo manténgase consistente, termine tan conveniente y rápido como pueda, y verá los beneficios de esto en ambas vidas.

Consejo #6

Niñas: ¿Qué significa ir al baño?

Los niños, y específicamente las niñas, son muy literales en cuanto a la interpretación de sus órdenes. Cuando le dice a su niña que vaya al baño, ¿qué entiende exactamente de esa frase? ¿Significa que entrará al baño y saldrá sin hacer nada? Por supuesto que no, pero puede que no lo entienda. Tiene que darle instrucciones paso a paso para ir al baño, usar la bacinica, y luego lavarse las manos. Confíe en que lo entenderá siempre y cuando se lo explique de forma sencilla y clara.

Niños: Ponerlos cómodos primero

La comodidad es un gran problema para los niños, ya que a diferencia de las niñas, tienen partes peligrosas en términos de partes privadas. El pañal o la ropa interior puede causarles asfixia ahí abajo, con todo tan apretado que debilita su movimiento. Si se da cuenta de que es así, cómpreles ropa interior nueva y elija pañales de una talla más grande.

Otra forma de hacer que las cosas sean más cómodas para él es comprobar si usa la bacinica con facilidad. Algunas bacinica, aunque genéricamente son de la talla ideal para su hijo, no le sientan bien. Puede que quiera una bacinica más grande o más cómoda, preferiblemente con un cuenco más grande y asas. Si todavía se siente incómodo, puede ser mejor no usar la bacinica y ponerlo en el inodoro para adultos con un asiento para niños encima.

Consejo #7

Niñas: Inodoros de "hágalo usted mismo"

Las niñas, por su naturaleza, quieren que las cosas estén limpias, ordenadas, brillantes, y, bueno, como lo digo yo, más femenino. Una bacinica "hágalo usted mismo" es una oportunidad perfecta para despertar su interés en el entrenamiento para ir al baño. Llévela de compras con usted y compre un kit de bacinica "hágalo usted mismo" que le guste. Llévesela a casa y ayúdela a montarla, póngale brillos y pegatinas, y deje que se familiarice con ella. Si la trata como a su casa de muñecas o sus muñecas, se dedicará a ella y pasará más tiempo en ella. Es simple psicología infantil la que está en juego aquí.

Niños: Que no se aburran

Los padres de hoy en día notan una diferencia interesante entre los niños y las niñas, ya que a menudo afirman que es más probable que los niños quieran divertirse y que las niñas quieran estar más limpias, en general. Esto también se traduce en el entrenamiento para ir al baño. Su niño se distrae fácilmente con las distracciones de su entorno inmediato, como sus videojuegos, juguetes, libros, etc. Si se aburren al sentarse en la bacinica, no van a querer repetir el espantoso ritual. Inculque su interés añadiendo sus juegos favoritos a la mezcla, de modo que el tiempo de entrenamiento en la bacinica se asocie con la diversión y la emoción más que con el aburrimiento. Los niños no están tan preocupados por hacer un desastre como las niñas. Los niños lo verán como una cuestión de hecho que hicieron y seguirán adelante. Las niñas son más propensas a no querer hacer un desastre.

Consejo #8

Niñas: Hágale saber que está orgulloso

Hacerle saber a su niña que mamá y papá están orgullosos de ella por ir al baño no solo servirá para aumentar su autoestima, sino que le recordará que está haciendo algo bueno. ¿Qué es eso? Es ella yendo al baño con éxito. Dándole a su niña su amor y adoración, le hará ir al baño más favorablemente que antes, ya que quiere convertirse en una adulta rápidamente. Esto se debe a la diferencia de desarrollo fisiológico y mental entre niños y niñas, que hace que las niñas maduren más rápido, y por lo tanto quieren parecer mayores más rápido que los niños.

Niños: Un reloj despertador hará maravillas

Y no nos referimos a un verdadero despertador. Es usted quien debe convertirse en su despertador, alertándolo de que tiene que ir al baño. Eso es porque los niños son más energéticos por naturaleza, y constantemente corren alrededor, jugando, gritando, experimentando, interactuando y probando cosas nuevas todo el tiempo. En este tiempo, si llevan un pañal, se hacen en él, y bum, vuelven a jugar. Pero si no tienen un pañal puesto, harán un desastre, y no queremos eso. Por lo tanto, elija una duración de tiempo de antemano, y recuérdele a su hijo que vaya al baño en cada intervalo, diciéndole que puede jugar más tarde una vez que termine de hacer caca y pis. Discutiremos esto con más detalle en el próximo capítulo, es decir, Formando hábitos en el baño.

Consejo #9

Niñas: Dejando sus pañales

Por su naturaleza, las niñas quieren parecer mayores de lo que son cuando son pequeñas. Llámelo el efecto de niña grande, llámelo imitación, lo que le convenga, ¡es un hecho! Hay una razón por la que el coloquialismo "los chicos serán chicos" es tan popular; es porque los chicos son propensos a permanecer jóvenes más tiempo que las chicas. Así que, cuando se trata de dejar los pañales, será diferente para su niña. Aquí tiene que cambiar sus pañales por ropa interior, haciendo hincapié en que ahora es una niña grande y que los pañales son para niñas pequeñas. Sus mentes serán capaces de comprender y ponerlo en práctica más rápido de lo que piensa.

Niños: Introduzca un poco de competencia en la mezcla

Los niños son competitivos por naturaleza. Use esto para su ventaja. Añada la competencia a la mezcla dándoles algo para que apunten al inodoro. Aunque anteriormente discutimos los Cheerios y los Cheetos, trate de agregar algo un poco diferente. ¿Tal vez anillos coloridos biodegradables que sean fáciles de tirar por el inodoro? ¿Qué tal cereal? Dígale que apunte su orina al cereal y que le den a cada uno de ellos. Cuando sienta que se enfrentan en una batalla de ingenio contra el cereal, se asegurará de salir victoriosos del otro lado.

Consejo #10

Niñas: Conózcalas en su tiempo de baño

Aunque su niña está creciendo rápidamente y adaptándose a todo lo que le está enseñando, puede que le sirva para entrenarse si le ayuda a mostrar en lugar de contarlo. Oiga, funciona en la escritura de ficción, puede muy bien traducirse en entrenamiento para ir al baño y trabajar aquí también. Puede llevarla al baño con usted y demostrar la forma en que usted hace el número uno, el número dos y cómo se limpia. Además, cuando su hija vea que otros miembros de la familia también están usando el baño, automáticamente se le grabará en la cabeza que es algo que hacen los adultos, y su deseo de convertirse ella misma en una adulta catalizará el proceso de entrenamiento.

Niños: Hora de su ropa interior de niño grande

Como ya lo hemos discutido, comprar ropa interior de niña grande para su niña va a tener un enorme impacto en cómo ella ve el entrenamiento para ir al baño. Bueno, ocurre lo mismo con los niños.

Es hora de llevarlos de paseo a su tienda de ropa favorita y elegir unos calzoncillos que les gusten. Normalmente, la selección incluirá héroes de acción, trenes o algo que les interese específicamente, así que dejen volar su imaginación; déjenlos elegir los que quieran. Tenga en cuenta de antemano que van a preferir los calzoncillos de los superhéroes. Puede ser el logo de Batman que quieran cubrir su traserito o la ropa interior con telarañas de Spiderman. Puede ayudarles a elegir varios calzoncillos que les entusiasmen para su entrenamiento, ya que verán su ropa interior cada vez más cuando se quiten la ropa y cuando estén sentados en la bacinica. Tiene sentido, ¿verdad?

Capítulo nueve: Formando hábitos para el baño

El entrenamiento para ir al baño no es solo una tarea discreta. Viene con hábitos periféricos que son necesarios para enseñar a su hijo pequeño. Algunos de estos hábitos esenciales para el baño incluyen:

Manejo de los desechos de papel

El manejo de los desechos de papel higiénico debe enseñarse al niño desde el primer día. Ya sea que ellos sean los que limpien o que usted lo haga por ellos, enséñeles que el papel higiénico *no* es algo que se deba tirar a la basura. Más bien, es algo que debe ser tirado al inodoro. Hágales entender que es maloliente, que es malo, que no debe ser tocado por el extremo sucio, que debe ser eliminado justo después de que ellos o usted terminen de usarlo, y que la única manera adecuada de deshacerse de él es tirándolo por el inodoro. Después de mostrarles cómo tirar de la cadena una o dos veces, debe dejar que lo tiren en el inodoro y tirar de la cadena ellos mismos para formar el hábito.

Tirar de la cadena

Ya sea que le enseñe a tirar de la cadena del papel higiénico usado o el contenido de la bacinica, lograr que su hijo tire de la cadena es otro hábito importante que debe enseñarse desde el principio. Si su inodoro tiene una palanca, puede hacer un juego divertido llamado "tira de la palanca". Si es un botón, puede ser un poco difícil, ya que la mayoría de los botones son un poco más difíciles de apretar para los niños pequeños. Si ese es el caso, entonces debería ayudarlos presionando el botón con ellos. Si eso es imposible, al menos haga que le acompañen cuando usted tire la cadena del inodoro, para que sepan que es parte del proceso de ir al baño.

Lavado

Bien, lavarse las manos es otra parte esencial de su entrenamiento para ir al baño y un hábito muy vital para empezar. Justo después de ir al baño por primera vez, debería introducirles el concepto de lavarse las manos, abrir el grifo, enjabonar, enjuagar y limpiar sus manos bajo el flujo de agua, cerrar el grifo y secarse las manos con una toalla. A veces, los niños se asustan de toda la rutina. En ese caso, divídala en una serie de pasos que pueda enseñarle uno por uno. Primero, solo hay que familiarizarlos con el lavabo. Puede poner un taburete delante del lavabo —y debe tener un taburete para niños que sea a la vez colorido y resistente. Distráigalo mostrándole su reflejo en el espejo encima del lavamanos. Luego familiarícelo con el grifo. Hay una variedad de jabones para niños disponibles en el mercado, jabones que hacen muchas burbujas, jabones muy fragantes y jabones muy coloridos. Elija cualquiera de ellos para que la rutina de lavado sea más alegre y juguetona para ellos. También puede añadir una variedad de toallas para niños pequeños.

Apuntando

Las niñas no tendrán este problema, ya que tendrán que orinar sentadas. A los niños se les debe enseñar a orinar de pie. Este es un hábito que se formará en una semana o un par de semanas. Creará un lío durante los primeros días, durante los cuales no podrán controlar su flujo. Puede enseñarle a sostener su pene y dirigir su chorro hacia el agua en el tazón. Si no le están cogiendo el truco, puede entrenarlo para que se siente y orine durante los primeros días e intentarlo de nuevo una vez que se sienta cómodo para orinar mientras está sentado.

Vaciar la bacinica

Cuando terminen de usar la bacinica, dígales que sus desechos deben ir al baño y se debe tirar la cadena. Durante las primeras semanas, es probable que lo haga usted mismo. Pero después de la segunda o tercera semana, deberían ser capaces de vaciar la bacinica por sí mismos y ser capaces de tirar el contenido. Sin embargo, este es un hábito muy temporal, ya que no siempre usarán la bacinica. En el próximo capítulo, cubriremos la transición de la bacinica al baño de adultos. Si este es un hábito demasiado tedioso para su hijo pequeño, puede saltárselo.

Volver a ponerse la ropa

Con los niños, puede que quieran vagar desnudos por la casa. Esto puede estar bien por unos días, pero esto no puede continuar para siempre, ¿verdad? Necesitan que se les enseñe cómo volver a ponerse la ropa. ¿Son capaces de quitarse la ropa antes de ir al baño? Si son capaces de hacer eso, entonces también pueden volver a ponerse la ropa después de terminar. Tendrá que ayudarlos durante una semana antes de que sean capaces de hacerlo por sí mismos.

Informar a un padre/cuidador que tienen que ir

Antes de ser completamente independiente, su hijo tiene que informar a un adulto que tiene que ir. Cultive este hábito al principio de su entrenamiento para evitar desastres. Si usted está disponible, ellos deberían ser capaces de decirle que tienen que ir. Si un cuidador, como una niñera o un abuelo, está disponible, debería ser capaz de decírselo. La forma más fácil de conseguir que lo hagan es siendo francos y sinceros con el niño. El niño solo confiará en la persona con la que se sienta cómodo. Se alejarán de la persona que los regaña y los reprende. Y ya hemos cubierto cómo los castigos y regaños son muy contrarios a la intuición y no tienen cabida en el entrenamiento para ir al baño.

El tiempo promedio que le toma a una persona formar un hábito es de 21 días. ¿Quiere formar el hábito de ir al baño de su hijo? ¿Por qué no probar la técnica de los 21 días? No es ni muy larga ni muy corta. Solo 21 días suena manejable, ¿verdad?

Vamos a dividir el proceso en un plan de 21 días que pueda seguir fácilmente. Cubriremos los primeros ocho días de los 21 días. Puede repetir la rutina descrita abajo para el resto de los 13 días.

1. Este es el día más importante para su entrenamiento en el baño. Elija el sábado como punto de partida para no estar ocupado, y así tendrá todo el fin de semana por delante para prestar toda su atención a la rutina de formación de hábitos. En este día, levántese lo más temprano posible y despierte a su hijo pequeño media hora después de que usted se haya despertado. La ventana de media hora es para que usted se prepare, vaya al baño y tome el desayuno. Una vez que haya hecho todo eso, despierte a su niño y revise su pañal. ¿Qué es lo que ve? ¿Es solo pis, o también hay heces en su interior? Si también hay heces, puede que no sea el momento adecuado para quitarle el pañal. Considérelo para más adelante en la rutina. Si solo es pis, ¿el pis está caliente o frío? Si está tibio, significa que lo mojó recientemente mientras dormía. Si está caliente, o mejor aún, seco, significa que puede permanecer seco durante más de dos horas mientras duerme. Esto es bueno; esto es un progreso.

Ahora lleve a su hijo a la bacinica y haga que se alivie. Si lo hace de forma natural, eso es bueno. Si no lo hace, considere ponerlo en la bacinica más tarde en el día; una vez que termine, vuelva a ponerle el pañal. Durante el resto del día, hay que revisar el pañal cada dos horas para ver si se mantiene seco o no. La mitad del entrenamiento consiste en sacarlo de los pañales. Así que, los primeros 11 días de entrenamiento serán para que deje los pañales. ¿Cómo está respondiendo su hijo al primer día de entrenamiento en el baño? Si responde bien, es una buena señal, y es un buen augurio para el resto de los 20 días. Por la noche, después de la cena, limite la ingesta de líquidos y vea cómo responde a eso. Llévelo al baño cada dos horas. Si no ha comenzado un gráfico, haga uno. Hoy en día hay una gran cantidad de aplicaciones que vienen con tablas preestablecidas para su rutina de entrenamiento en el baño, así que aproveche la aplicación más fácil que pueda encontrar. Es incluso mejor que las tablas escritas, porque de esa manera, recibe recordatorios en forma de campanas y alertas en su teléfono. Al final del día, haga que vaya al baño por última vez, luego póngale el pañal y métalo en la cama.

2. El segundo día, el domingo, hará lo mismo que el sábado, excepto que ahora puede ser el momento de tener una charla personal con su pequeño sobre su entrenamiento. Usando términos simples y comprensibles para el niño, cuéntele lo que hicieron ayer y cómo eso es importante y debe continuar durante los próximos 19 o 20 días. Hágalo consciente de su entrenamiento para ir al baño.

Puede recompensarlo por entender esto. Ahora, de nuevo con los intervalos de dos horas, revise la sequedad de sus pañales.

3. Asegúrese de seguir la rutina revisando constantemente las tablas y ayúdale si necesita ayuda para ir al baño. Puede facilitarle la tarea jugando con él, manteniéndole ocupados y recompensándole cada segundo o tercer intento de ir al baño. Trate de vigilarle para que no defeque u orine en otro lugar si está evitando la bacinica. Repita la rutina nocturna metiéndolo en la cama después de hacerlo usar la bacinica y poniéndole un pañal nuevo.

4. Ahora, este es un día difícil, ya que es un lunes, el más temido de todos los días. Si usted es un padre con un trabajo, significa que tiene que dejar a su bebé con un cuidador o en una guardería. Antes, las guarderías a menudo intentaban acelerar el proceso de aprendizaje del uso del baño, lo cual estropea y causa cicatrices emocionales y mentales en el niño. Si puede encontrar una guardería adecuada que garantice que no apresuren el proceso, es mejor. Pero debe

confirmarlo observando el entrenamiento para ir al baño de su hijo una o dos veces, para estar seguros. Puede preguntarle a su hijo sobre el entrenamiento para ir al baño en la guardería una vez que esté en casa con usted. Si su expresión y palabras sugieren confusión y miedo, la guardería le está haciendo más daño que bien.

Los cuidadores, por otro lado, incluyen a las niñeras y a los parientes como las abuelas, son un excelente recurso porque han entrenado a otros niños antes, y le van a dar a su hijo la atención personal que necesita. Antes de ir a trabajar, tome nota de la sequedad o humedad del pañal de su hijo y anótelo en su historial. Tomar nota de todo es clave aquí. Es por eso que recomendamos conseguir una aplicación al principio. Es para su conveniencia, ya que le indicará un patrón después de que haya pasado la primera semana, siendo el patrón de sus tiempos de baño, su consistencia, la naturaleza de sus heces y orina, y cuando mojan los pañales durante el sueño y cuando se mantienen secos.

5. El cuarto día se hace un poco más fácil a medida que pasas al martes. Repita la misma rutina que antes, teniendo en cuenta las tablas, siendo consciente del comportamiento de su hijo y discutiendo su entrenamiento para ir al baño en la guardería o con el cuidador. Si está en el trabajo, note que su falta de presencia afecta al niño de manera diferente. Suplemente el tiempo perdido jugando con él, atendiéndolo cuando le llame y estando un poco más inmerso en su rutina de entrenamiento en el baño durante las horas en que usted esté en casa.

6. Está en la mitad de la semana, los peores dos días han llegado y se han ido, y ahora puede relajarse un poco y notar cómo su relajación es emulada en su hijo. Es probable (y al menos esperanzador) que haya elegido su entrenamiento, que sea más receptivo a él y que se incline por sí mismo a usar la bacinica. Pero no debe tirar sus pañales todavía. Para eso, debemos llegar al día siete.

7. El jueves, saque a su hijo pequeño y derroche en la ropa interior que le gusta. Escoja al menos tres o cuatro pares para que le sea fácil limpiarlos cuando o si se ensucian. Esta ropa interior es para el proceso de deshacerse de los pañales. Una vez de vuelta en casa, siga con la rutina de dos horas como de costumbre. Empezará a notar que sus pañales se mantienen secos por más de dos horas. Esto es porque se están adaptando al entrenamiento. Tenga en cuenta que si en cualquier paso del entrenamiento siente que están retrocediendo, detenga el entrenamiento por unos días. Si el progreso es uniforme y consistente, siga adelante. Si estaba ofreciendo recompensas todos los días a su hijo por hacer sus necesidades con éxito, considere la posibilidad de volver a reducirlas, ya que demasiadas recompensas tienden a malcriar a su hijo y crear un efecto pavloviano.

8. Es probable que no tenga que trabajar mañana (¡y se merece ese descanso!) Tiene todo el fin de semana para usted y su hijo, y puede dedicar este tiempo al siguiente paso de su entrenamiento para ir al baño, es decir, a dejar de usar pañales. Adiós, pañales, ya no los necesitamos. Hoy debe observar de cerca los pañales de su hijo, más rigurosamente que cualquier otro día anterior. Si las cosas van según lo planeado, está cerca de no necesitarlos más.

Si se mantienen secos durante más de tres horas, es hora de ahorrar mucho dinero en pañales. ¡Cambie esos pañales por la ropa interior que compró!

Fíjese en lo emocionado que se pone su hijo cuando se pone su nueva ropa interior y note lo ansioso que está por usar la bacinica. Como ahora no va a usar pañales por la noche, debería estar más atento a su consumo de líquido nocturno y llevarlo a la bacinica antes de dormir.

Espere que ocurran accidentes. Prepárese para ellos haciendo la cama a prueba de humedad, como se discutió en la sección de entrenamiento nocturno.

9. Nuevamente es sábado. Puede relajarse en su rutina de fin de semana despertando a una hora normal, dándose el gusto de desayunar, y disfrutando de un merecido descanso de su crianza durante una buena media hora. A menudo, nosotros, como padres, olvidamos cuidarnos a nosotros mismos mientras nos concentramos en nuestro hijo. Nuestro autocuidado es igualmente importante. Vaya a revisar la cama de su hijo. Si la cama está seca y si duerme profundamente, puede dejarle dormir un poco más y tal vez ponerse al día con algunos amigos por teléfono, leer un libro, ver algo en Netflix o pasar el rato con su pareja. ¿Hay alguna tarea en la casa que sea imposible de hacer con el bebé cerca? Aproveche este tiempo y realice algunas tareas.

Despierte a su hijo más tarde de lo normal, llévelo al baño y haga que use la bacinica. Recuerde que no siempre van a defecar u orinar en la bacinica, pero aun así tiene que llevarle para que se forme y se concrete el hábito.

Como hoy es su primer día sin pañales, observe su comportamiento mientras pasan el día. ¿Qué es lo que hace? ¿Se siente más libre sin sus pañales, o se ve confundido y asustado? Si es lo último, retrase la pérdida de pañales por un día o dos. La confusión y el miedo son solo temporales y se aliviarán una vez que se acostumbren a la bacinica. Si no desaparece después de más de un día, y si ocurren más accidentes en los que defequen y orinen en la casa, regréselos a los pañales momentáneamente. Pero como nos lleva siete días enteros reducir sus pañales, la probabilidad de que algo así suceda es pequeña.

Hemos discutido una semana entera de entrenamiento para ir al baño. Para entonces, su hijo debería tener una comprensión rudimentaria del proceso de aprendizaje del uso del baño. Si se vuelve autónomo después de una semana, eso es todo para mejor. Pero si siente que necesita más tiempo, repita las instrucciones para la segunda semana, y luego la tercera, dejándolo que se vuelva más y más autónomo e independiente con la progresión de cada semana.

Serán 21 días en total. Al final de esos 21 días, el hábito de su hijo se habrá formado firmemente, y muchos accidentes se habrán minimizado hasta ser inexistentes. Al final, consulte todas las notas que ha guardado en su diario o aplicación y vea el progreso. ¿Ha sido constante o exponencial? ¿Qué ha ido bien? ¿Qué ha ido mal? Anótelas para su próximo hijo o para que se las dé a otro padre.

El único paso que queda es hacer la transición de su hijo de la bacinica al baño de adultos.

Capítulo diez: De la bacinica al inodoro para adultos

En primer lugar, felicitaciones por haber llegado al capítulo final de este libro. Esto es un progreso. Ahora vamos a abordar el último tramo, el último obstáculo de la transición de la bacinica al baño de adultos. Después de esto, no hay más hitos en el viaje de entrenamiento para ir al baño. Revisemos rápidamente lo que hemos hecho hasta ahora. Hemos conseguido que su hijo deje el pañal, hemos establecido su rutina diurna en la bacinica, hemos creado su hábito, hemos creado su rutina nocturna, hemos cubierto algunas cosas básicas que hacer y no hacer, hemos roto algunos mitos y hemos abordado algunos problemas relacionados con la bacinica. Todo lo que queda ahora es cómo llevar a su hijo de la bacinica al baño.

En la actualidad, el mayor problema al que se enfrentará es la preferencia de su hijo por la bacinica más pequeña. Ellos no tienen la culpa aquí, ya que, en la sección anterior, formamos su hábito de ir al baño pequeño durante 21 días. Ahora están acostumbrados a ello. La transición puede ser difícil, así como la transición del pañal a la bacinica fue difícil. Pero hay que atenerse al mantra: esto también pasará. Es natural preguntarse cuánto tiempo durará esta fase. No existe un número concreto de días; lo siento, pero nunca es así.

Su sabueso interior podría estar haciendo un trabajo de detective comprobando sus patrones de heces y orina, notando una pausa que puede utilizar e introducirlos en el baño de adultos.

Puede que haya notado algo más. Mientras que al principio, el atractivo de la bacinica era demasiado alto comparado con los pañales, ahora, por otro lado, después de haber lavado y limpiado la bacinica durante casi un mes, se ha cansado y no puede esperar a deshacerse de él. Y el inodoro de porcelana está justo ahí, a pocos metros de distancia. Es casi tentador poner a su hijo pequeño en él y decirle que se suba. Pero no es así como debería hacerlo. Puede resultar en que desestabilice todo el proceso de entrenamiento que tan meticulosamente emprendió.

¿Cuándo dejará mi hijo de usar la bacinica pequeña? Esa es la pregunta más importante en su mente ahora mismo, y con razón, así que aquí está la respuesta: Todo depende de su hijo, como con todos los demás pasos del entrenamiento para usar la bacinica. Considere el hecho de que hace un mes todavía estaba en pañales, acostumbrado a defecar y orinar mientras estaba de pie, sentado, acostado, sin preocuparse, sin atenerse a ningún horario. Entonces, de repente, se sumergió en un régimen en el que se vio obligado a sentarse en un bacinica de plástico alienígena, un asiento con un agujero, y tuvo que soltar su pis o caca. Recuerde, eso era bastante para que lo asimilara, a veces, un poco demasiado para él. Apenas tuvo tiempo de familiarizarse con la bacinica de plástico, y ahora se espera que de un gran salto en el desarrollo. Al igual que con la transición de los pañales a la bacinica, un niño pasará de la bacinica al inodoro de porcelana a su propio ritmo.

¿Qué es lo que hace que un niño aprenda a usar la bacinica? Bueno, si tiene menos de dos accidentes relacionados con el pis en una sola semana y ningún accidente relacionado con la caca, se considera que un niño está entrenado para usar la bacinica. ¿Su hijo está entrenado para ir al baño después de su régimen de 21 días de entrenamiento?

Si es así, consideremos su edad. ¿En qué grupo de edad está? Un niño de 22 meses tendrá dificultades para mantener el equilibrio en un baño normal sin la ayuda de un asiento de baño. También necesitará un taburete para subirse al inodoro. Si el tamaño de su hijo pequeño es demasiado pequeño, encontrará el inodoro demasiado alto y aterrador para sentarse.

En ese caso, manténgalo en la bacinica y espere a que crezca un poco antes de volver a ponerlo en el inodoro. No hay que apresurarse en esta parte del entrenamiento para ir al baño. Es la última etapa del entrenamiento. Si su hijo defeca y orina en la bacinica, está haciendo lo que usted le enseñó a hacer, y eso es lo que importa, ¿no? No es el recipiente lo que importa tanto como lo que están entrenados para hacer.

Molestar a su hijo con eso no le servirá de nada. Solo le hará sentirse insuficiente y le bajará la autoestima.

¿Sabía que defecar y orinar en cuclillas es más fácil para su hijo que en posición sentada? También es más beneficioso para la salud. Por eso es mejor dejar que se peguen al bacinica durante un poco más de tiempo.

Otro factor crucial es el descenso. Su hijo ha estado defecando en el pañal durante mucho tiempo. La sensación de defecar en los pañales contra la sensación de defecar en la bacinica es completamente diferente. Ahora agregue a la mezcla la sensación de defecar en el inodoro. Es otra sensación completamente extraña, una con la gota abajo añadida. Primero, deje que su hijo se familiarice con el uso de la bacinica, es decir, con la caída de la caca, y luego pase al inodoro más grande. Esta parte de la transición debe ser lo más gradual posible.

La edad adecuada para la transición al inodoro

La edad media en la que un niño está completamente entrenado para usar el baño es de 36 meses, que, por cierto, es también la edad en la que puede pasar fácilmente a un baño de tamaño adulto. A los tres años de edad, un niño empieza a ir a un preescolar o empieza a pasar tiempo en las casas de otros niños de su edad, por lo que el uso del baño se hace necesario, ya que las bacinicas no siempre estarán disponibles para ellos en estos lugares. Así que, como padre o madre, debería familiarizarlo con el uso de un inodoro de tamaño normal a esa edad. A esa edad, sus cuerpos están listos, al igual que sus mentes. Esta tarea será casi tan difícil como hacer que usen la bacinica. Es posible que tenga que resolver algunos problemas emocionales para que usen el baño. El miedo, por ejemplo. Dudas, ansiedad, aprensión, resistencia y familiaridad con la bacinica.

Para facilitarle el uso del baño, puede poner la bacinica justo al lado del inodoro. Esto familiarizará al niño con el inodoro cada vez que use la bacinica. El siguiente paso consiste en comprar un asiento de inodoro para su hijo. Añada un taburete para apoyar los pies. Una vez que el niño se haya trasladado al baño, retire la bacinica.

Consejos para facilitar la transición

1. Notas Post-it para los baños públicos

Los baños públicos tienen mecanismos de auto-lavado que a veces pueden asustar a su hijo cuando se auto-lavan. Para evitar que lo hagan, puede tomar notas adhesivas y colocarlas en los sensores para que no se descarguen cuando las heces o la orina de su hijo caiga en el tazón. Cuando terminen de hacer, puede quitar la nota post-it, y el inodoro volverá a tirar de la cadena. Simple, pero genial, ¿verdad?

2. Auriculares para baños públicos

Los auriculares con cancelación de ruido para los baños públicos funcionan de maravilla para los niños que se preocupan por los ruidos fuertes en los espacios públicos. Los ruidos fuertes de las personas, las máquinas para secar las manos, las puertas que se abren y se cierran, y el tráfico pueden poner presión en el rendimiento de un niño, haciendo difícil que se alivie. Poniéndoles auriculares con cancelación de ruido en la cabeza y poniendo su música favorita en ellos, puede ayudarles a aliviar su ansiedad, facilitándoles el ir al baño.

3. Enseñarles la etiqueta del papel higiénico

Ahora que son capaces de usar el baño por sí mismos, se les debe enseñar el protocolo básico del papel higiénico. Esto incluye tomar dos hojas, romperlas, doblarlas, colocarlas sobre su trasero, limpiarlas dos veces, doblarlas de nuevo, limpiarlas de nuevo, y luego desecharlas de nuevo en la taza del baño. Esto no es exactamente un hábito discreto, ya que está bajo el dominio de ir al baño. Puede enseñarle esto a la vez que le enseña a ir al baño.

4. Leer libros de entrenamiento para ir al baño con ellos

Hay una gran cantidad de literatura orientada a los niños sobre el uso del baño disponible en Kindle y en libros de bolsillo que puede leer con su hijo mientras le ayuda a pasar de la bacinica al inodoro. Esto servirá tanto para distraerlos como para informarles de su progreso.

5. Limpiándose ellos

Especialmente sus niños. Después de que su hijo empiece a ir al baño, empezará a observar a sus hermanos mayores, a su padre, a sus tíos y a otros hombres en los baños públicos usar los baños y los urinarios de pie. También querrán usarlos de pie. Además, lo habrá entrenado para que se pare para orinar. Hará un desastre las primeras veces que use el baño, pero una vez que tenga el mando sobre flujo, el desastre será menor.

6. Decoración de su baño

A pesar de haber ayudado en esta importante transición, el hecho es que todavía son niños. Si su baño está decorado con colores (con sus tonos vibrantes favoritos), es más probable que pasen más tiempo allí. Pero no se pase con las decoraciones, ¡o puede que quieran pasar TODO el tiempo allí! Deben aprender que su baño es una habitación especial con un propósito especial.

7. Ayudarles de vez en cuando

Aunque la independencia es un gran paso para su hijo, se recomienda que lo vigile de vez en cuando para ver si todo va bien y si necesita ayuda. A veces necesitarán que les asista en un lugar público donde se enfrenten a la resistencia del inodoro, como una guardería o un baño público.

8. Cambiar los papeles

Tenemos que hacer una confesión. Estábamos guardando el mejor consejo para el final. Es este: Si le cuesta entrenar a su hijo, intente cambiar de padre. Si usted es madre, intente pasarle la batuta de la responsabilidad a papá, y si es padre, intente pasarle la tarea a la querida mamá. Puede marcar una diferencia notable cuando estos papeles se invierten, independientemente de dónde estés en el proceso de entrenamiento para ir al baño.

Conclusión

Ahora que hemos cubierto todas las bases teóricas posibles sobre el entrenamiento para ir al baño, ¿a dónde va desde aquí? Bueno, en adelante, se va a ese gran campo de batalla conocido como paternidad, armado con el arma de este profundo conocimiento, ¡hacia la brecha! Es una broma. Puede relajarse. Mucha de esta información podría haber parecido muy difícil de asimilar, especialmente si usted es un padre primerizo. Recuerde que no todo es aplicable todo el tiempo. Tiene que seguir aplicándolo día a día.

Resumamos lo que aprendimos en un párrafo corto, ¿sí?

Primero, aprendimos cuál es el momento adecuado para empezar a entrenar a ir al baño. En esta sección, nos centramos en los hábitos de los niños pequeños, su crecimiento y las señales que indican que su hijo está listo para empezar a aprender a usar la bacinica. En el siguiente capítulo, desenmascaramos algunos mitos y conceptos erróneos sobre el uso de la bacinica. Más adelante, aprendimos a deshacernos de los pañales sin el drama. Luego aprendimos la psicología del uso de la bacinica y cómo un entrenamiento erróneo puede llevar a efectos negativos que pueden durar toda la vida. Después de eso, le guiamos en el uso de la bacinica por primera vez y cómo ayudar a un niño si es necesario. Luego elaboramos algunos problemas con la bacinica y el defecado, algunos accidentes menores, la terquedad del niño, sus miedos, y las maneras de resolver y prevenir problemas. Después discutimos el método de entrenamiento nocturno para ir al baño, en el que respondimos a preguntas como si el niño debería o no ser despertado por la noche. Hay una diferencia entre los niños y las niñas que van al baño. Discutimos eso en un capítulo entero. En el penúltimo capítulo, discutimos cómo formar los hábitos de ir al baño y algunos otros hábitos que deben complementar su hábito principal. Por último, discutimos cómo hacer la transición de su hijo de la bacinica al inodoro de adulto.

Equipado con este conocimiento, ahora puede entrenar a su hijo a ir al baño de forma adecuada y cuidadosa. ¡Le deseamos la mejor de las suertes!

www.ingramcontent.com/pod-product-compliance
Lightning Source LLC
Chambersburg PA
CBHW062056280426
43673CB00073B/195